Talento para ser feliz

Leila Navarro

Talento para ser feliz

POCKET OURO

Texto revisto pelo novo Acordo Ortográfico.

Capa
Valter Botosso Jr.

Diagramação
Celina Faria

Revisão
Flávia Midori

Produção editorial
Guilherme Bernardo
Rosana A. Moraes

PocketOuro é um selo da Ediouro Publicações Ltda.

Rua Nova Jerusalém, 345 – Bonsucesso
Rio de Janeiro – RJ – CEP: 21042-235
Tel.: (21)3882-8200 – Fax: (21)3882-8212/8313
www.ediouro.com.br

Dedico este livro às minhas raízes:
ao meu pai, Vicente Navarro; à minha mãe,
Shirley Penha de Assis Moreira; e aos meus frutos,
Melissa, Priscila e Pedro Luiz.

Sumário

Prefácio 9
Introdução 11

Capítulo 1 — Identificando nosso bicho-papão 13
Capítulo 2 — Estilo de vida 33
Capítulo 3 — A descoberta da missão 51
Capítulo 4 — Talento, habilidade e competência 69
Capítulo 5 — Os novos valores 93
Capítulo 6 — Os novos desafios 101

Epílogo 111

Quando as coisas não acontecem do jeito que a gente quer, é porque irão acontecer melhor do que a gente pensa.

Prefácio

Todos nós temos amigos, colegas e ex-colegas de trabalho que admiramos pela inteligência, pela intelectualidade e pelas habilidades diferenciadas, mas que não estão contentes por não se considerarem bem-sucedidos.

Para mim, é inevitável analisar o histórico dessas pessoas: elas já estiveram contentes um dia? E, se estiveram, qual era a fórmula naquele momento? A resposta, que a Leila nos dá durante todo o livro por diferentes caminhos e reflexões, é que independentemente de sua composição era a fórmula correta para aquele momento. Como se apegar a fórmulas antigas se os momentos mudam de maneira acelerada e profunda? Tudo o que se conquistou até agora foi feito com as habilidades e os recursos que se tinha. Não vejo possibilidades de conquistar mais usando o mesmo material.

Sempre achei que a atitude de um profissional deve ser a de alguém que esteja, no mínimo, um nível acima da sua posição atual na hierarquia da sua organização. Desta forma, fica muito fácil ser visto como alguém "pronto para ascender uma posição acima".

Os profissionais de recursos humanos trabalham diariamente com o dilema de pessoas "completas", mas não para aquele momento ou oportunidade. Acredito que para muitos que têm tudo falta apenas "ser". Eles são excelentes profissionais e sabem o que fazer. Apenas não o fazem, pois estão apegados demais ao modelo que um dia deu certo e lhes trouxe sucesso. O desafio não é ir até o limite ou ultrapassá-lo. Eles já fizeram isso. O desafio é questionar os limites, criar novos, inspirar para que outras pessoas cruzem a linha de chegada com eles.

Neste livro, Leila provoca as reflexões certas para que as pessoas "completas" encontrem, com simplicidade, as respostas de como "ser". Sem mágicas ou grandes revoluções, a virada do jogo está na resiliência e no aprendizado — porque tudo muda o tempo todo e as ferramentas de antes podem não ser mais tão eficazes agora. Mas se você já fez, pode fazer de novo. O talento está aí. Basta assumi-lo e "ser".

Faça com este livro o que eu fiz. Leia devagar e reflita. E depois releia. Como este livro já teve tantas edições, tenho certeza de que muita gente já fez isso. Se tiver chance, e a Leila passar por perto, vá ouvi-la também.

O resto é sempre com nós mesmos.

João Rached
Diretor de Recursos Humanos
do HSBC para a América Latina

Introdução

Quase uma década se passou desde o lançamento da primeira edição deste livro, em 2000. Hoje, atualizando esta introdução, faço um rápido retrospecto de tudo o que aconteceu de lá para cá e constato que muita coisa mudou, mas tudo continua igual. E a mensagem que trago para você, leitor, está tão atual quanto há nove anos.

Em 2000, a globalização da economia estava apenas começando. Havia muita expectativa, incerteza e medo no ar. As pessoas se perguntavam: "Como a minha empresa conseguirá concorrer com uma grande corporação estrangeira? Será que vou perder meu emprego? O que preciso fazer para me tornar um profissional mais competitivo? E se minha empresa fundir-se com outra, o que acontecerá comigo? Como realizar meus planos em um mundo que muda tão rapidamente?"

Nove anos depois, a globalização já não é mais um acontecimento, é nossa realidade. Empresas sólidas foram engolidas por poderosas corporações transnacionais. Comemos o mesmo Big Mac em São Paulo, Milão, Cidade do México ou Pequim. Os mesmos automóveis, calçados esportivos, programas de televisão, cereais matinais e bancos estão na vida de cidadãos dos quatro cantos do mundo... Mundo que deixou de ser sinônimo de vastidão e já não parece tão grande com o Google ou o celular que nos acompanha nas viagens internacionais. Sim, o mundo mudou, mas continua havendo muita expectativa, incerteza e medo no ar. As pessoas continuam se perguntando: "Como a minha empresa conseguirá concorrer com uma grande corporação estrangeira? Será que vou perder meu emprego?..." E o talento para ser feliz continua sendo sua grande busca.

Quanto a mim, Leila Navarro, também ocorreram mudanças. Em 2000, eu estava muito envolvida com o sucesso e a realização de meus objetivos, experiências que me deixavam intensamente feliz e moldavam meu conceito de felicidade. Nove anos depois, esse conceito se ampliou: além do sucesso e da realização, abrange o sentimento de gratidão pela vida. Felicidade é acordar de manhã e agradecer a Deus por mais um dia e todas as oportunidades que ele trará. Felicidade não é estar sempre alegre, pois há momentos em que sentimos tristeza, medo, raiva, frustração. Felicidade, na verdade, vem de uma compreensão que dá sentido a todos os sentimentos, a todas as experiências que temos, sejam aparentemente boas ou más.

Apesar das mudanças por que passei, tudo continua igual no que diz respeito ao talento para ser feliz. Mais do que nunca estou convencida de que todos somos capazes de alcançar a realização. Para isso, precisamos assumir um compromisso interno com o nosso destino, compromisso este que passa por um processo de autoconhecimento e de valorização da vida. Continua igual também o objetivo deste livro: ajudar você a descobrir seu propósito de vida e despertar talentos, competências e habilidades para encarar os desafios do mundo atual.

Ao final deste livro, espero sinceramente que você compreenda que, por mais que o mundo mude — e continuará mudando, com certeza —, há algo que prevalecerá sempre, eternamente: nascemos para ser felizes. É nisso que sempre acreditei e continuarei acreditando.

Leila Navarro
Junho de 2009

Capítulo 1
Identificando nosso bicho-papão

E que a força do medo que tenho
não me impeça de ver o que anseio.
Que a morte de tudo o que acredito
não me tape os ouvidos nem a boca.
Porque metade de mim é o
que eu grito, mas metade é silêncio.
"Metade", música de Oswaldo Montenegro

Conheci uma alta executiva de uma grande empresa, respeitadíssima por todos. Trabalhava duro, vestia a camisa e defendia incondicionalmente os valores e a cultura da organização, à qual atribuía seu crescimento profissional e social. Mas esse conto de fadas moderno acaba aí. Certa vez, conversando comigo, ela me contou um bem-guardado segredo: alguns anos antes viu-se obrigada a extirpar útero e ovário. Temerosa de que a cirurgia pudesse de alguma forma criar problemas para a sua carreira e imagem profissional, pediu férias e, às escondidas, submeteu-se à operação. Ninguém na empresa ficou sabendo, e todos ignoraram também o difícil período de depressão que acompanhou a convalescença.

"Nem sei como conseguia sair da cama algumas manhãs para trabalhar. Fazia um esforço extraordinário para tomar banho, me vestir, manter as aparências. Hoje, eu me pergunto se fui justa comigo", contou ela.

Essa história é bem menos absurda do que parece — afinal, quase diariamente encontro homens e mulheres capazes de fazer qualquer coisa para não atrapalhar a sua atividade profissional. Às vezes tomam atitudes conscientes tão drásticas quanto a dessa executiva. Outras vezes nem chegam a perceber a violência que cometem contra si mesmos em nome do "bom desenvolvimento do trabalho". Foi o caso de um grupo de funcionárias de outra grande empresa.

Certa ocasião, o departamento médico constatou uma alta incidência de uretrite entre as mulheres desse grupo. A área de recursos humanos foi instruída a colocar um bebedouro mais perto delas e a explicar-lhes a importância de consumir mais água. Algum tempo depois, verificou-se que o problema continuava e que os galões de água raramente eram tocados. Decidiram, então, distribuir jarras de água pelas mesas. Mas o quadro persistiu. Uma pesquisa mais profunda acabou revelando uma situação inusitada: as mulheres não só não bebiam água, como também raramente urinavam porque... achavam que não tinham tempo!

Algo semelhante ocorreu com um diretor-executivo de uma multinacional que, apesar de estressado, recusou-se a aceitar ordens médicas para tirar uma licença.

"Fui alertado de que, se continuasse no ritmo que havia imposto à minha vida, poderia me dar muito mal. Estava acima do peso, minha pressão sanguínea oscilava, sentia falta de ar, fortes dores de cabeça e não conseguia dormir mais do que quatro ou cinco horas por noite. Acordava cansado! Mas não admitia a ideia de que precisava parar um pouco, relaxar. Eu me sentia responsável por meus funcionários e pelo bom andamento dos trabalhos. Eu tinha de dar o exemplo e não adoecer."

Eu pergunto: Isso é sinal de fraqueza ou onipotência?

Menos de dois meses depois do conselho médico — e apesar dos medicamentos que passou a tomar —, esse homem foi vítima de um infarto que o afastou por seis meses do cargo.

O que está por trás de atitudes desse tipo? Errou quem pensa em "zelo louvável pela carreira e pela empresa em que essas pessoas trabalham". A experiência que adquiri como fisioterapeuta, e mais recentemente como estudiosa de questões relacionadas com qualidade de vida, desempenho profissional, motivação e criatividade, prova que o problema é "mais embaixo". Tenho comprovado, pelo contato com profissionais de empresas nacionais e multinacionais dos mais variados tamanhos, que comportamentos como os descritos no início deste capítulo revelam nada mais, nada menos que um *medo enorme* de perder o emprego e o *status* social duramente conquistados. Algumas vezes, o medo é consciente, outras não. Seja como for, ele existe e é poderoso: mina nossas forças, sufoca nossos anseios, paralisa nossa criatividade, compromete nossa evolução. Por causa dele — e para evitarmos situações ameaçadoras — nos impomos uma série de condicionamentos colecionados vida afora e que, com frequência, mais atrapalham do que ajudam. Fomos educados para sermos os melhores, sim, e também responsáveis, competentes, interativos, objetivos. Absorvemos os ideais de bem-estar da sociedade em que vivemos e valorizamos o reconhecimento financeiro e social que premia os nossos esforços. Nada de errado nisso, só que... se precisamos esconder nossas mazelas e angústias — acreditando que "roupa suja se lava em casa" — e abdicar de nossos sonhos e necessidades mais corriqueiras para alcançar uma posição, algo não está certo. Não se vence o medo olhando para fora.

O silêncio e o grito

Estão em jogo dois fatores importantíssimos: a *metade* de nós *que grita* — e tenta projetar uma imagem de eficiência, responsabilidade e conhecimento — e a *metade que cala* — porque está prenhe de sentimentos que, imaginamos, podem encobrir a primeira.

Não somos apenas trabalhadores atentos, ciosos, responsáveis, que tudo sabem e tudo fazem. Também temos preocupações, dores, dúvidas bem escondidas em uma parte silenciosa de nós. Escondidas, mas não inativas, pois elas consomem nossa energia. Se não formos capazes de admitir que elas existem e olhá-las de frente, não poderemos superá-las. E o que é pior: elas aumentarão até minarem nossas ações e comprometerem nossas possibilidades reais de felicidade e sucesso. Portanto, é vital enfrentá-las. Vamos começar?

Responda rápida e honestamente, sem se preocupar em parecer frágil ou covarde:

Além da morte e de uma doença grave, o que mais você teme?

Se respondeu ameaça de desemprego ou dificuldade para arrumar trabalho, falta de dinheiro ou queda de prestígio profissional e social, uma boa notícia: você não está sozinho! Faz parte da maioria das pessoas que convivem com esses fantasmas de mil raízes, todos bem enterrados em nosso coração e em nossa mente. Não possuem nomes e se expressam por meio de perguntas como:

- O que preciso fazer para manter o emprego?
- Vou conseguir corresponder às expectativas do meu chefe?
- Quais conhecimentos e habilidades preciso adquirir para enfrentar os desafios de um novo cargo?
- É importante dizer o que penso?

- Quando e como posso fazer isso?
- Preciso abrir mão da minha vida pessoal e de aspectos da minha personalidade?
- Se não der certo, tenho uma formação adequada às necessidades do mercado de trabalho?
- Serei obrigado a aceitar um emprego aquém dos meus talentos?

Se você supõe que os profissionais autônomos estão a salvo desses fantasmas, engana-se. Eles também têm dúvidas sérias:

- O que posso fazer para aumentar a minha clientela?
- Como conquistar um espaço só meu, com tantos profissionais idôneos no mercado?
- E se meu maior cliente não quiser renovar o contrato de trabalho?
- Como lidar com crises?

E todos, sem exceção — empregados e autônomos —, acabam por fazer a mesma pergunta: "E o meu futuro? Qual será o meu futuro?"

Desemprego, um inimigo da autoestima

O quadro se torna sensivelmente mais dramático para quem está desempregado, pois, além de dificuldades financeiras, alguém nessa situação enfrenta fantasmas internos nada camaradas, como o sentimento de fracasso, de inadequação e de inutilidade. Ou a crença de que é dispensável e está ultrapassado. Como consequência sobrevêm queda na autoestima, insegurança, depressão e, às vezes, até vergonha. Isso mesmo! Muita gente se sente culpada por estar desempregada — ainda que não seja, de fato, culpada.

Recentemente, uma gerente de grande loja de departamentos confessou não ter dado entrada em seu seguro-desemprego por vergonha de ser vista em uma fila de desempregados e também por achar que com isso oficializaria, definitivamente, uma condição que não aceitava. Ela precisava muito do dinheiro, mas a necessidade não foi suficiente para vencer sua barreira.

O mesmo aconteceu com um homem. Não só ele não tentou receber o seu seguro-desemprego, como demorou quase dois meses para contar à família que havia sido demitido: todos os dias, saía de casa como se fosse trabalhar e gastava seu tempo em intermináveis e infrutíferos passeios pela cidade, intercalados pela leitura exaustiva das ofertas de emprego publicadas nos jornais diários. O que é pior, não encontrava nada que lhe servisse — não porque achasse que era bom demais para uma função, e, sim, porque se sentia incapaz de exercê-la. Ele simplesmente não acreditava que tinha condições para encontrar um novo espaço no mercado de trabalho e pensava: "O que tenho a oferecer? Quem vai querer dar emprego a um homem que foi demitido? Se eu fui demitido é porque não sou bom!"

Finalmente, pressionado por suas contas, submeteu-se à seleção para preenchimento de uma vaga. Passou e foi contratado, só que por um salário bem inferior ao que gostaria.

A história de um ex-diretor de RH de uma grande empresa também é exemplar:

> Quando me comunicaram que haviam desativado o setor no qual eu trabalhava e que meu cargo estava à disposição, caí literalmente de quatro. Demorei uns três meses para começar a me levantar e a pensar o que queria fazer da minha vida. Tudo o que eu conseguia dizer para mim mesmo era: quero trabalhar, preciso trabalhar.

O medo, um inimigo a ser olhado de frente

O pesadelo que assombra empregados e desempregados é alimentado por um número incontável de fatores externos. Mas é possível, pelo menos, detectar os mais comuns: a situação econômica nacional, a crise mundial, a falta de emprego, a ameaça da concorrência, a introdução de novos modelos de gerenciamento e atuação, a competição acirrada do mercado de trabalho, a rapidez do avanço tecnológico, a mudança de valores, a quantidade extraordinária de informações que passamos a receber diariamente... Sem dúvida, isso tudo é muita "areia para nosso caminhãozinho"! Estamos acuados por conceitos, palavras ou comportamentos que não entendemos, mas nos mantemos na ignorância por temermos perguntar à consciência — mais uma vez o medo, claramente impedindo o nosso aumento de conhecimento e a aquisição de novos valores! Enquanto isso, ficamos remoendo:

- O que é que está acontecendo? Não entendo mais nada!
- Quais são as regras do jogo? Aliás, que jogo é esse?
- Melhoria contínua? Avaliação de desempenho? E se ficar claro para todo mundo que não sou tão competente assim? Não sou? Não sei!
- E essa história de *feedback* 360 graus? Ficar na berlinda, ouvindo crítica de todo lado! Socorro!

Todo mundo sabe que nada é mais assustador do que o desconhecido, e nesse terrível "faz de conta" que nos leva a esconder o que não sabemos e o que tememos, acabamos deixando de ver os pontos positivos desses processos, ignoramos todas as possibilidades criativas que uma situação de crise propicia e esquecemos — ou não valorizamos — as qualidades que possuímos e que nos ajudariam a superar as dificuldades. Ou seja: nos mantemos presos a um cenário altamente desconfortável por medo e silêncio. E qual é a saída? Mudar! Mas no esteio dessa resposta, surgem outras dúvidas: Mudar como? Mudar para quê? Mudar por quê?

Antes de respondermos a essas perguntas, cabe a nós afastar o medo da mudança e o desejo de que o tempo pare e que tudo permaneça exatamente do jeito que está — afinal, nós, seres humanos, somos movidos continuamente, e o processo de crescimento só é possível porque o tempo corre. Livre dos medos, teremos todas as condições para aceitar as indesejáveis transformações fora de hora e passar a vê-las como uma grande oportunidade, e não como uma ameaça. A partir daí, é possível descobrir nossos tesouros e verificar, com alívio, que o que nos assusta não é um bicho tão feio quanto, e que para vencê-lo não precisamos de nenhuma arma de última geração. Basta termos consciência do nosso verdadeiro tamanho, dos nossos propósitos e do papel que exercemos na comunidade em que vivemos.

Globalização: da conveniência à consciência

Em 1982, em um artigo publicado no jornal norte-americano *The New York Times*, o escritor de ficção científica Isaac Asimov antevia uma nova tendência para o futuro da humanidade, o que chamou de globalismo. "Impôs-se sobre nossas mentes relutantes a visão que apresenta a Terra e a humanidade como uma única entidade", constatava o autor, em uma alusão à visão do planeta a partir do espaço.

No artigo, ele abordava os avanços das telecomunicações via satélite, que possibilitavam a difusão de informações e trocas comerciais em escala global; falava das promessas da exploração do espaço e da colonização de planetas próximos, que poderiam reforçar a cooperação entre os países e, quem sabe, proporcionar a tão sonhada paz mundial. Para ele, a visão dos muitos "pontinhos planetários" do universo seria um apelo irresistível à união da raça humana. "É impossível olhar para tudo isso sem sentir que a Terra é parte de um todo imensamente maior. Isso faz com que sintamos que dividir o pontinho de poeira no qual vivemos em subpontinhos de poeira mutuamente hostis é pior que loucura: é ridículo."

Asimov via o globalismo como a esperança de uma civilização maior, melhor e mais aberta, com mais versatilidade e flexibilidade, contando com recursos imensos. Mas identificava uma ameaça para essa utopia: o localismo, ou seja, a prevalência dos interesses de nações ou grupos em prejuízo dos interesses da humanidade como um todo. Passadas três décadas da publicação desse visionário artigo, nos encontramos vivendo plenamente a dicotomia de Asimov, em um globalismo econômico regido por interesses localistas.

Uma parte das promessas da globalização se cumpriu. Empresas que atuavam em um único país cruzaram fronteiras, instalaram-se em novos mercados, aumentaram formidavelmente sua escala de produção e baratearam o custo de seus produtos, que se tornaram mais acessíveis para centenas de milhões de pessoas. Bens de consumo sofisticados como computadores, celulares, aparelhos de DVD e automóveis estão presentes em uma quantidade inimaginável de lares, mesmo em países que jamais desenvolveram tecnologia.

Sem dúvida, a globalização tem sido capaz de produzir muita riqueza, mas não a tem distribuído igualitariamente. É visível que o mundo está cada vez mais polarizado entre os que têm muito e os que têm pouco ou nada — sendo que o primeiro grupo, segundo a Organização das Nações Unidas, representa só 20% da população mundial.

Um perfil do nosso planeta

Se o mundo pudesse ser representado por uma vila de 100 habitantes, como seria essa população? Quantos habitantes seriam pobres e quantos seriam ricos? Quantos seriam brancos, quantos negros, quantos indígenas? Esse curioso exercício foi feito na virada do milênio por Phillip M. Harter, professor da Universidade de Stanford, nos Estados Unidos, que criou um retrato da diversidade e da desigualdade da população mundial.

Assim, se o mundo fosse uma vila de 100 habitantes:

- haveria 57 asiáticos, 21 europeus, 14 americanos (do Norte e do Sul) e 8 africanos;
- 52 seriam mulheres e 48, homens;
- 30 seriam brancos e 70, não brancos (amarelos, vermelhos ou negros);
- 30 seriam católicos e 70, de outras religiões;
- 6 deteriam 59% de toda riqueza;
- 80 morariam em casas abaixo do padrão desejável;
- 70 seriam analfabetos;
- 50 seriam desnutridos;
- um estaria à beira da morte;
- um estaria prestes a nascer;
- um teria nível superior;
- um teria computador.

Longe de unir a humanidade, a globalização parece agravar um velho problema: a exclusão. Excluir é a nossa forma de lidar com tudo aquilo que incomoda, desagrada ou é diferente, e o fazemos de tantas maneiras! Segregamos, evitamos conviver, condenamos, combatemos ou simplesmente ignoramos. Se em outros tempos as "tribos" humanas viviam fechadas em si mesmas, a globalização as aproximou e forçou sua convivência.

O inevitável contato entre pessoas de diversas etnias, nacionalidades, religiões, classes sociais, idiomas e ideologias tem produzido até agora mais conflito do que entendimento. Some-se isso ao fosso que existe entre "os que têm" e "os que não têm", e a exclusão se mostra em toda parte. Nos países ricos, imigrantes que buscam melhores condições de vida são marginalizados ou expulsos. Nas grandes cidades, populações de baixa ou nenhuma renda são empurradas para periferias, morros, ruas ou vãos dos viadutos. Guerras "santas", conflitos étnicos, batalhas comerciais e ganância produzem legiões de excluídos — gente sem teto, sem terra, sem pátria, sem escola, sem emprego, sem comida.

Se essas distorções são cruéis, suas consequências também são perversas — e a própria globalização as está jogando em nossa cara. O mundo globalizado criou uma relação de interdependência da qual não podemos escapar. Um acontecimento "isolado" repercute no mundo inteiro, gerando reações em cadeia com uma velocidade e intensidade surpreendentes. Creio que ninguém mais duvida disso depois da crise das hipotecas que estourou em Wall Street, o centro financeiro dos Estados Unidos, e levou de arrastão bancos do mundo inteiro, que, por sua vez, ficaram sem dinheiro para emprestar a empresas, que demitiram funcionários, que... Bem, conhecemos em detalhes essa história.

Mas como Deus escreve certo por linhas tortas, esse nosso imperfeito e injusto modelo de globalização nos fará compreender que não podemos continuar ignorando as consequências de nossas ações. Enquanto tivermos atitudes unilaterais, sem considerar os efeitos que elas trarão para outras pessoas, também seremos afetados pelas consequências indesejáveis que causamos. Essa compreensão, penso eu, passa pelo conceito de inclusão: olhar para os outros, considerá-los, ter consciência de suas necessidades e procurar conciliá-las com as nossas.

Inclusão é mais do que atitudes humanistas e bem-intencionadas. Na verdade, pode ser a solução para o que o mundo exige de nós como cidadãos e profissionais: fazer as coisas com pouco dinheiro, poucos recursos, pouco tempo, pouca gente. É o que procuro demonstrar com uma *vivência* em minhas palestras, em que eu e um grupo de voluntários da plateia fazemos uma nova versão da conhecida "dança das cadeiras".

Lembra-se dessa brincadeira? Enquanto toca uma música, um grupo de pessoas circula em torno de uma fila de cadeiras e sempre há uma cadeira a menos do que o número de participantes. Então a música para e os participantes sentam-se rapidamente na cadeira mais próxima. Como há uma cadeira a menos, um dos participantes fica "sobrando" e deve sair da brincadeira — é excluído. Pois bem, na nova versão que inventei, as cadeiras vão sendo sucessivamente retiradas, mas ninguém sai da dança — ninguém é excluído. O objetivo é que toda aquela gente consiga compartilhar cada vez menos cadeiras, e para isso se sentam no colo das outras, se apoiam, se ajudam, se incluem. Chega um momento em que a brincadeira não tem mais cadeira nem música: as pessoas, formando um círculo, sentam-se sobre os joelhos de quem está atrás delas. Essa é a mágica da inclusão: todos participam dando o que têm e recebendo o que precisam, e com isso conseguem realizar o que parecia impossível.

Estamos praticando ainda uma globalização *pela conveniência*, na qual cada um faz o que convém a si e a seus interesses. Mas os desajustes que provocamos e sofremos nos levarão à *globalização pela consciência* de que tudo está interligado e que somos parte de um único organismo.

Um pulo no escuro

Um homem, após trabalhar vinte anos em uma empresa, pediu demissão. Os motivos não vêm ao caso, mas é importante ressaltar que ele não tinha nenhum outro emprego em vista. Um amigo muito próximo criticou sua decisão:

— Não se pede demissão em tempos difíceis como o nosso e, principalmente, na nossa idade. Você vai acabar engrossando o contingente de desempregados. Como é que você foi capaz de uma atitude dessa: pular no escuro, sem nada engatilhado?

Com firmeza, o homem respondeu:

— Estou pulando no escuro, sim, mas não sou cego e não estou desprotegido. Tenho o meu paraquedas!

— Que paraquedas é esse? Do que você está falando?

— Estou falando das minhas competências e da minha vontade de mudar. Isso vale mais do que emprego garantido.

E ele tinha razão.

O século XXI está exigindo de todos nós a coragem de pular no escuro, de testar nossos limites, de buscar o conhecimento de que necessitamos, onde ele estiver — o que implica concentração, disponibilidade e abertura na mente. Não dá mais para ligar o piloto automático, acreditando que pousaremos sem solavancos. Neste voo da Humanidade, precisamos estar conscientes de nossos movimentos, conhecer nossas atribuições e aceitar as exigências de comprometimento. Para tanto, precisamos entender o mundo globalizado, em que as empresas competem acirradamente e as mudanças são rápidas e constantes não como uma ameaça, mas, sim, como o resultado natural e irreversível do processo de desenvolvimento. Séculos de experiência, aprendizado, estudo, pesquisa e reflexão estão desaguando nesta ideologia que prioriza o homem e o seu habitat, reduzindo os conflitos, expandindo o conhecimento adquirido. Nos tempos atuais, as experiências positivas devem ser compartilhadas — e isso vale tanto para o campo científico e tecnológico quanto para a educação ou qualquer outra área da vida. Não faz mais sentido defender soluções isolacionistas: nossa pátria é o mundo, nossos conterrâneos têm todas as cores e credos. As fronteiras caem, as nações se unem em torno de objetivos comuns.

Nesse sentido, sermos os melhores não significa — como muita gente ainda acredita — que precisamos nos armar para vencer a guerra com nossos concorrentes. Significa, na verdade, sermos os melhores para contribuir de maneira eficaz e concreta para o bem-estar de todos.

Economia e Tecnologia

"Como vai você? Tudo bem?"

Experimente fazer essas duas perguntas a dez pessoas diferentes. É bem possível que uma ou duas contem os seus problemas amorosos, mas eu posso apostar que pelo menos oito vão responder:

> "Vou indo... quer dizer... mais ou menos! Mas quem é que pode estar bem com a economia desse jeito?"

A resposta pode variar ligeiramente, mas vai sempre apresentar a grande vilã da atualidade: a economia, que adquire os traços de um polvo gigantesco de muitos tentáculos, apertando nosso pescoço e determinando nosso comportamento. É o tentátulo da crise financeria global, o da recessão, o da falta de crédito... Mas se Deus é brasileiro, esse polvo não é: domina todas as raças e nações do planeta, obrigando-nos a aguentar as consequências do que acontece a milhares de quilômetros de distância. Não podemos fugir, por exemplo, das oscilações da bolsa de Nova York, da quebra da safra chinesa de arroz, da formação de mercados que reúnem países de determinado continente.

Atualmente, qualquer fato que envolva meios de produção, comércio ou finanças desencadeia uma reação em âmbito planetário. A crise é mundial, não respeita fronteiras ou credos. Terminou definitivamente a época do "não tenho nada com isso", seja lá o que *isso* signifique.

Nós, brasileiros, conhecemos bem as agruras da instabilidade econômica, pois já passamos por várias alterações drásticas, apresentadas sob a forma de planos, programas etc. Duvido que qualquer um de nós, leigo, saiba enumerar as moedas que tivemos nesse período sem consultar os livros, mas estou segura de que todos, sem exceção, lembram-se de que maneira isso afetou suas vidas e não têm pruridos em confessar a grande insegurança que sentem por viver uma época tão sujeita a mudanças radicais como a nossa.

Nada contra as mudanças — acho que elas são necessárias e bem-vindas. Afinal, é preciso que o *velho* morra para o *novo* florescer, em um processo que o economista Joseph Schumpeter chamou de "destruição criativa". Isso aconteceu muitas vezes na história da Humanidade.

Por exemplo, a Revolução Industrial, iniciada na Inglaterra na segunda metade do século XVIII, substituiu a sociedade eminentemente agrícola, abriu caminho para o avanço tecnológico, definiu o emprego como o conhecemos hoje e transformou a economia e a vida de todos os habitantes do planeta. Muitas atividades que eram executadas manualmente passaram a ser feitas por máquinas e surgiram novas funções, aumentando a necessidade de uma educação mais específica.

Claro que esse processo teve suas vítimas, apresentou diversas dificuldades, mas, se comparado ao que vivemos hoje, foi lento — cobriu um período de quase 200 anos! Essa "lentidão" facilitou a adaptação e permitiu a participação das pessoas no estabelecimento de dogmas, métodos e procedimentos. Entre mortos e feridos, sobraram as sementes de outra realidade completamente diferente: a economia pós-industrial, cujos processos se caracterizam pela complexidade e extraordinária rapidez.

Às voltas com a tecnologia

Certa vez, um jornalista veterano me contou como se adaptou às mudanças tecnológicas que ocorreram ao longo da carreira. Ele, que iniciara a profissão no tempo da máquina de escrever e do telex, viu-se, um belo dia, diante do computador e do aparelho de fax. Sem saber o que fazer, pediu ajuda a um jovem. Aprendeu o básico, fazendo de seu PC uma máquina de escrever um pouco mais sofisticada. "Nessa época, eu dizia que mais importante do que o computador era o telefone, bem perto, para que eu pudesse pedir socorro todas as vezes que acontecia algo que eu não entendia", diverte-se ele.

Depois de dois anos, quando acreditava dominar perfeitamente a máquina, pediram-lhe que fizesse seus trabalhos em outro programa, mais avançado e recém-lançado no mercado. Mais uma vez foi obrigado a pedir ajuda e descobriu que precisava comprar um PC mais potente. Novas aulas, vários telefonemas... Hoje usa notebook, comunica-se por e-mail por intermédio de um smartphone e tem seu próprio blog de notícias. "Se eu não tivesse nada disso, estaria fora do mercado", justifica.

E estaria mesmo! Atualmente, o novo envelhece muito rapidamente!

Porém, o maior problema não reside em adquirir ou manipular novos equipamentos. Está, isso sim, na reciclagem contínua a que devemos nos submeter — tanto no plano intelectual quanto no emocional — para acompanhar a evolução tecnológica, as mudanças de comportamento e atender as exigências cada vez mais sofisticadas da sociedade e do mercado de trabalho. Não fomos preparados para isso. É sabido que o ensino básico nacional mantém um padrão educacional ultrapassado e não incentiva habilidades como a curiosidade, o pensamento analítico, o trabalho em equipe, a comunicação, a criatividade. Não é mistério também que as escolas superiores deixem muito a desejar no que se refere à formação profissional: os conhecimentos caducam em poucos anos e é preciso reciclá-los constantemente. Esse é um dos motivos pelos quais algumas grandes empresas estão realizando verdadeiros "vestibulares" para selecionar jovens recém-formados: os melhores são contratados, mas antes de pegar no batente fazem cursos práticos ministrados por profissionais altamente qualificados. Nesses casos, ganha o jovem, que aperfeiçoa seus conhecimentos; e ganha a empresa, que passa a ter funcionários realmente eficientes e harmonizados com seus valores e sua cultura. No entanto, o contingente que se beneficia desse tipo de procedimento é ainda pequeno.

A grande maioria navega, sem rumo, em um mar de incertezas altamente turbulento, recebendo ordens e contraordens a cada instante. É como se vivesse uma revolução por minuto ou tivesse, nas mãos, um imenso caleidoscópio que, ao mais leve movimento, apresenta uma nova imagem, com formas e cores inteiramente diferentes da anterior. Só que essas pessoas não têm o controle desse caleidoscópio, sentem-se despreparadas para lidar com ele e acabam naufragando. Fazer o quê? Acreditar em quê?

Quantas carreiras cabem em uma vida?

Assistimos, frequentemente impassíveis, à queda de ícones respeitadíssimos e à substituição de crenças e valores seculares por outros que sequer entendemos. Por exemplo, a velha prática de escolher uma carreira e segui-la até a aposentadoria não funciona mais. Uma série de fatores — de ordem econômica, inclusive — podem exigir mudanças de curso e devemos estar preparados para enfrentá-las.

Um exemplo disso é dado por um conhecido. Ele se formou em direito, mas só trabalhou como advogado por um mês. Decidiu seguir jornalismo e foi muito bem-sucedido nessa profissão durante aproximadamente 20 anos. Mas sentia-se inquieto e resolveu estudar psicologia. Depois da formatura, começou a clinicar, tentando abrir espaço em uma área de muitos profissionais em um momento no qual as pessoas, de um modo geral, se afastam das terapias tradicionais e buscam soluções mais rápidas para seus problemas — ninguém tem mais tempo ou dinheiro para longos processos de autoconhecimento, por melhores e mais eficazes que eles sejam. Após algum tempo, esse conhecido percebeu que a clínica não era o suficiente para garantir a sua sobrevivência. O que fez ele? Passou a se interessar pelos aspectos psicológicos da área criminal, desenvolvendo um trabalho de comunicação de informações que poderiam ajudar outros estudiosos do assunto. Ou seja: somou os conhecimentos adquiridos pela vida afora e conseguiu abrir um espaço no qual ele se colocou por *inteiro*. A essa altura, você deve estar pensando: "Ora, mas esses casos são muito especiais! Eu não poderia me dar ao luxo de ficar mudando de carreira. Tenho tudo contra e nada a favor!"

Mas eu gostaria de fazer uma sugestão. Fuja da armadilha que você mesmo arma ao dizer "não estou preparado, não sou capaz, não vou conseguir" e pelo menos pense na possibilidade de agarrar firmemente o leme da sua vida, orientando seu barco — você — para atravessar a turbulência e chegar à terra firme. Afinal, todos nós temos um lado Mulher Maravilha ou Super-Homem! Todos somos dotados de qualidades, habilidades e competências.

É certo que não podemos mudar a direção dos ventos, mas com certeza podemos alterar a posição das velas.

Capítulo 2

Estilo de vida

Se existe uma forma de fazer melhor, descubra-a.
Thomas Edison

O dia amanheceu, o despertador tocou. Você levanta, toma um bom banho, arruma-se. Enquanto bebe o café, vê, pela janela, seu vizinho chegar da caminhada matinal e uma senhora regar as plantas do jardim da casa em frente. Essas cenas comuns fazem parte do cotidiano dos bilhões de habitantes deste planeta, e revelam, mais do que hábitos arraigados, a maneira muito pessoal de cada um tocar o seu dia a dia. Esses gestos ou atividades expressam crenças e valores, e neles está impresso um toque exclusivo. Para cada uma das pessoas que apareceram nessa cena — o vizinho, a senhora da casa em frente e você —, a vida tem um significado e corre de uma maneira inteiramente diferente. Apesar dessa diversidade, todos realizam tarefas, têm funções, cumprem obrigações, contribuem de alguma forma para o bem-estar comum; sempre à sua maneira, única.

Essa maneira não surge do nada, mas de preferências pessoais intimamente associadas aos seguintes fatores:

- Missão
- Talento
- Competência

- Habilidade
- Valores

Somos o que pensamos, o que sabemos, o que sentimos e o que fazemos. E hoje, o mundo e suas organizações sabem disso melhor do que ninguém e reconhecem a importância da contribuição, para o seu desenvolvimento, de pessoas que integrem harmoniosamente o pensar, o saber, o sentir e o agir. Ainda que continuem a valorizar os conhecimentos técnicos ou teóricos de um especialista, buscam profissionais que somem, a essas características, outras cada vez mais valorizadas — como criatividade, afetividade, generosidade, flexibilidade etc. —, exigindo que seus colaboradores tenham um *estilo de vida* compatível com seus valores.

Além do que faço no meu trabalho, as empresas querem dizer como devo viver a minha vida?

Eu diria que não é nada disso e que essa visão distorcida segue um velho padrão: empregados ou prestadores de serviço de um lado e, de outro, bem distante, os patrões ou contratadores de serviços. Isso leva a uma situação de divisão pouco saudável do indivíduo, claramente identificada em frases do tipo:

No trabalho eu sou uma pessoa e em casa sou outra, bem diferente!

Ouço essa frase com certa frequência. Deveria estar habituada a ela, mas não estou: ela continua a me entristecer e, em certo sentido, a me chocar. Tanto quanto outra frase, bastante comum:

Não levo os problemas de casa para o trabalho e vice-versa.

Essa postura, às vezes, é reforçada pelos profissionais em cargos de chefia, por meio de mensagens como:

Não se deve misturar vida pessoal com profissional.

Ao entrar na empresa, os funcionários devem esquecer os problemas domésticos; caso contrário, não poderão realizar bem suas funções.

Não, não e não! Definitivamente, não somos um móvel compartimentado, cheio de gavetas que podem ser fechadas ou abertas ao sabor das necessidades. Até porque essas "gavetas" são ligadas por um sistema de "vasos comunicantes" que fazem circular energia, conhecimento, experiência, em um processo de oxigenação semelhante ao do nosso organismo. Não podemos ativar algumas durante parte do dia e outras no restante do tempo. Elas existem, todas, ao mesmo tempo e contribuem em conjunto para o sucesso de todas as nossas realizações — seja para executar nosso trabalho, seja para conversar com nossos filhos. Constituem nosso *estilo de vida*.

Mas o que vem a ser efetivamente esse estilo de vida que venho enfatizando ao longo do texto?

Karl Jaspers diz: "O que o homem é, ele deve àquilo que converte em seu." Eu acredito que estilo de vida seja a soma de comportamentos, competências e habilidades, seja expressar o que somos — e os nossos valores — em todas as nossas atividades. Ninguém é criativo só no trabalho! Ninguém é habilidoso só em casa! Somos criativos e habilidosos na vida e é isso o que interessa. No entanto, não fomos instruídos dessa maneira e ainda mantemos alguns hábitos que propiciam a divisão interna entre profissão e vida pessoal.

Em visita a uma grande fábrica, fiquei surpreendida com a limpeza das instalações: nenhum papel no chão, nada fora do lugar, todos os funcionários usando seus equipamentos de segurança. Incrível, pensei. Mas, conversando com um dos diretores, verifiquei que a realidade não era tão incrível assim. Enquanto estavam ali dentro, os funcionários respeitavam as regras da organização, mas ao cruzarem os portões da fábrica, tudo mudava: eles se sentiam absolutamente à vontade para jogar no asfalto embalagens amassadas, pilotavam suas motos sem capacete e, em casa, não se acanhavam em deixar o jornal jogado no chão, o cinzeiro cheio de baganas e pratos com resto de comida sobre a mesa. O gerente de segurança e saúde no trabalho de outra grande empresa comentou comigo que seus programas para diminuir os acidentes de trabalho incluíam reuniões mensais nas quais se procurava passar aos funcionários a seguinte ideia: eles são igualmente importantes para a organização, para a família e para a comunidade. Por isso, devem observar normas de segurança em todas as suas atividades. Durante essas reuniões, são transmitidas dicas práticas para reduzir o índice de acidentes domésticos, por exemplo.

> Queremos que nossos funcionários cheguem ao trabalho dispostos, tranquilos e em segurança. Queremos, ainda, que eles voltem para casa do mesmo jeito: dispostos, tranquilos e em segurança. Eles precisam entender a sua responsabilidade como pais de família, cidadãos e profissionais, da mesma forma que nós entendemos a nossa responsabilidade social na formação de um novo tipo de homem: o cidadão consciente.

Apesar de ainda existir empresas, chefes e funcionários que acham recomendável separar o pessoal do profissional, a postura dominante das organizações modernas é a exigência não só de profissionais competentes, hábeis e eficientes, mas de seres humanos harmônicos e equilibrados, capazes de trazer a afetividade, a generosidade e a alegria que pontuam sua vida familiar e comunitária para dentro da empresa, e de levar para casa a organização, o respeito e o empenho que tradicionalmente dedicam à atividade profissional. Não mais *dois* em *um*, mas *um*, em qualquer circunstância. Portanto, o que realmente importa é que esse *um* manifeste o seu *estilo de vida*, o que ele *é*, em tudo o que faz.

Negociação de paz

Se tentarmos colocar esses dois grupos — empregados/prestadores de serviços e patrões — lado a lado, e não em oposição, verificaremos que ninguém está se metendo na vida de ninguém e que todos temos o sagrado direito de escolher com quem e quando desejamos trabalhar. Os empresários podem exigir determinado tipo de funcionário, mas os profissionais — autonômos ou não — também devem escolher a empresa para a qual desejam trabalhar ou prestar serviços. Ou seja, qual oferece condições que respeitem seu estilo de vida e qual comungue com esse estilo de vida.

Essa proposta pode parecer utópica em um país como o nosso e em um momento como o que estamos vivendo — em tempos de crise e de desemprego, só o fato de trabalhar parece quase um milagre e as pessoas abrem mão da satisfação pessoal em troca da sobrevivência! Mas acredito que não podemos nos deixar acuar por essa realidade e devemos fazer um movimento consciente para melhorar esse cenário. Afinal, a tendência mundial é unir *trabalho* e *satisfação* — tanto a de quem contrata um serviço quanto a de quem o realiza — e isso já pode ser sentido aqui mesmo, no Brasil. Sei que não é nada confortável viver em uma sociedade que, de um lado, tem uma maioria sofrida e carente de educação, trabalho e saúde e, de outro, uma minoria que até pode se dar ao luxo de dizer "isto eu quero, aquilo eu não quero"! Provavelmente, esse é um dos nossos grandes desafios como nação nos dias de hoje. Seja como for, já é bom que alguém consiga valorizar seus anseios; mas, se não for esse o seu caso, a saída, com certeza, não é cruzar os braços e aceitar passivamente uma situação que o avilta por dentro. Nesse sentido, é bom lembrar que, nos dias de hoje, são muitas as empresas nacionais que acreditam em um fato comprovado internacionalmente: a produtividade aumenta na proporção direta da nossa satisfação. Portanto, o que todos nós — organizações e pessoas — queremos, no final das contas, é *ser feliz*, pois essa condição só traz benefícios, como o lucro — sem dúvida —, o reconhecimento, a tranquilidade, a saúde, a realização e a alegria.

Mas o lucro, o reconhecimento, a tranquilidade, a saúde, a realização e a alegria não caem do céu. Precisamos lutar, nos empenhar, nos comprometer. E se mesmo assim não formos felizes, é porque alguma coisa está errada. Para mudar, só mesmo indo fundo e descobrindo as causas do erro — e isso só pode ser feito, inicialmente, a partir de um processo de autoconhecimento que nos indique quais são, realmente, nossos sonhos, missões, metas e talentos. Podemos concluir, ao final desse processo, que estamos no local errado, fazendo algo pelo qual nós não temos paixão, em nome da "sobrevivência". Mais que isso, podemos descobrir o vilão em nós mesmos, na nossa dificuldade em seguir os sonhos, em lutar por eles, observando finalmente o real tamanho de uma empresa ou de um governo em nossa vida. Não quero defender os "patrões", quero apenas afirmar, mais uma vez, que somos os únicos responsáveis por nossa vida e que só teremos bem-estar, tranquilidade e alegria se nos conhecermos profundamente.

Nem sempre nos damos conta da importância desse processo de autoconhecimento e da liberdade de ação que resulta dele. De fato, se sei quem sou, sei para onde ir, sei o que fazer e como fazer, sei que não posso culpar os outros — empresas, governo ou pessoas — pelas agruras da minha vida. O que ocorre com mais frequência é que nos deixamos levar pelas circunstâncias e atribuímos aos outros os nossos problemas, o que nos impede de superá-los. E nos acomodamos.

As histórias de três pessoas ilustram bem o que estou querendo dizer e comprovam a usual falta de ligação entre os desejos pessoais e os de uma organização, geralmente fruto da ausência de diálogo ou da dificuldade de as pessoas esclarecerem — até mesmo para si — quais são seus valores, sua missão e seu estilo de vida. E saberem, enfim, quem são.

A primeira história é de uma amiga que fez um curso de MBA para gerentes na própria instituição onde trabalhava. Acreditei que ela devia estar se sentindo o máximo por ter sido indicada para o curso: afinal, isso significava que sua competência fora reconhecida e estimulada, e que a organização estava investindo em seu crescimento profissional. Mas quando perguntei se estava feliz, ela simplesmente fez um movimento de "tanto faz" com os ombros e um sinal de quem conta dinheiro com as mãos, querendo dizer "vou ganhar mais". Não, ela não estava feliz. Queria ganhar mais, entretanto, certamente não reconhecia que aquilo não lhe bastava, e simplesmente "ia tocando" a vida como se não lhe restasse outra coisa.

Outra história é a de um funcionário de uma empresa que havia acabado de ganhar o certificado ISO 14000. Ele fazia parte do primeiro grupo da organização que havia conquistado essa vitória em âmbito mundial e todos estavam orgulhosos. Mas ele me confessou: "A gente é obrigado a aprender, a se capacitar continuamente, a se superar diariamente, e o salário continua o mesmo!"

Fiquei perplexa, não disse nada, mas pensei: e a oportunidade de crescimento, a experiência? Não valem? Parecia que ele tinha se submetido a uma tortura ou a um sacrifício! Claro que todo trabalho deve ser justamente remunerado, mas quando o salário é o único fator que importa, certamente a pessoa não faz o que gosta, não desenvolve seus talentos, muito menos descobriu sua missão. Definitivamente, seu estilo de vida não está coerente e satisfatório.

Passemos agora à terceira história. Minha amiga foi secretária em um empresa durante anos. Dedicou-se inteiramente a essa organização, a qual viu nascer e crescer, tornando-se imprescindível ao seu fundador e presidente. Ele e a família sempre demonstraram gratidão por sua lealdade e eficiência, premiando-a com respeito, afeto e benefícios materiais. Graças a eles, minha amiga fez duas viagens à Europa dignas de uma princesa e pôde dar toda assistência à mãe. Sentia-se feliz e reconhecida. Um dia, o presidente morreu.

A empresa não estava preparada para enfrentar sua ausência. Aos poucos, foi perdendo força até ficar à beira da falência. Diante da crise, a nova diretoria chamou todos os seus funcionários, avisou que não tinha condições de suportar os altos encargos de uma demissão coletiva e propôs que os funcionários se demitissem voluntariamente, em troca de certa quantia em dinheiro.

Minha amiga ficou com raiva, sentindo-se traída. Não levou em consideração tudo o que aprendera — experiência, formação, viagens e apoio em situações difíceis —, nem conseguiu ver a real situação da empresa ou a boa vontade dos chefes em chegar a um acordo. Não teve consciência de que estabeleceu com essa empresa uma relação mais paternal do que profissional, vivendo ali como se estivesse em sua casa, com a sua família. Enquanto foi "paparicada", estimulada, protegida, tudo corria bem, era feliz; mas quando o apoio foi retirado, sentiu raiva — exatamente como reage um adolescente diante de alguma proibição dos pais.

Na verdade, ela não é muito diferente de milhares de profissionais brasileiros que se submetem às regras de uma organização — e aos benefícios que ela proporciona — como se submetem à orientação e à proteção familiar, jamais crescendo ou assumindo responsabilidades por suas vidas.

Situações como essa me levam a pensar que é imprescindível conhecer melhor a si mesmo e a organização para a qual presta serviço, e escolher, de fato, aquela com quem vai trocar talentos, competências e habilidades por estímulo, reconhecimento e respeito profissional — se essa troca for justa, surgirá uma relação altamente gratificante de ganha-ganha, na qual as duas partes ficarão satisfeitas. Hoje em dia, em boa parte do mercado de trabalho norte-americano acontece uma competição inusitada entre empresas e profissionais, mas muito diferente do que estamos acostumados. É a empresa procurando oferecer as melhores condições e o melhor ambiente de trabalho para atrair e conquistar os melhores colaboradores. E, por sua vez, vemos os profissionais em um processo contínuo de aprendizado e desenvolvimento, gerenciado por um programa pessoal que eu chamo de diferencial competitivo.

O que as organizações querem de você

Atualmente estão em alta qualidades como criatividade, afetividade, generosidade e intuição, que todos nós possuímos e que se expressam, muitas vezes, em atividades banais. É espantosa, por exemplo, a extraordinária facilidade com que algumas pessoas recebem uma visita inesperada para o jantar. São capazes de fazer uma festa com uma panela de feijão, alguns ovos, duas ou três batatas e uma xícara de arroz. A técnica de "pôr mais água no feijão" é, para mim, um exemplo claro de criatividade doméstica, assim como muitas "gambiarras" que se costuma fazer em casa, e se constitui em uma solução digna de alguns poucos *experts* em vencer desafios. Portanto, se pensarmos bem, vamos nos dar conta de que, se lidamos com o inesperado em nossa casa, podemos fazer o mesmo em nossa vida profissional.

Uma dona de casa, por exemplo, abriu um pequeno negócio. Como era inexperiente, simplesmente procurou agir como se estivesse controlando o orçamento doméstico, o horário dos filhos e as roupas do marido. Deu certo. Mesmo sem ter noções de administração e ignorando todos os modelos modernos de gerenciamento, ela deixou que emergisse criatividade, experiência de vida, espírito empreendedor e bom senso.

"Ela certamente tinha dinheiro, tempo e pouca ambição", pensarão os desmancha-prazeres. Minha experiência diz que é exatamente o contrário: aquela mulher tinha um objetivo, não teve medo de tentar e colocou em prática o que sabia — e que muitos não valorizam.

Para Charles Handy — que se denomina filósofo social —, as pessoas devem assumir maior responsabilidade por si próprias e estabelecer seus propósitos de vida. Segundo ele, a tendência é as empresas trabalharem com metade dos funcionários a que estão habituadas. A outra metade será constituída do que ele chama "trabalhadores de portfólio", ou seja, especialistas em determinada área que vendem suas competências profissionais a várias organizações. Essa situação levará, provavelmente, à criação de mais empresas especializadas em marketing pessoal, que farão o meio de campo entre as necessidades do mercado e a oferta de competências. De acordo com Handy, devemos nos preparar para ter várias carreiras, nos conscientizar de que a era do emprego seguro acabou e assumir a nossa responsabilidade de criar uma sociedade melhor, mais justa, e não apenas maior ou mais rica. Precisamos nos levar mais a sério e investir em nós mesmos, sem achar que isso é uma estratégia das empresas que querem mais comprometimento dos funcionários ou uma manifestação egoísta de nossa parte, ditada pela necessidade de "levar vantagem em tudo".

Você já percebeu como temos a tendência de criticar os mais esforçados, aqueles que costumamos chamar pejorativamente de cê-dê-efes? Nada mais preconceituoso e injusto, pois eles são pessoas que se dedicam a investir, com consciência, no único capital que efetivamente lhes pertence: eles mesmos. Afinal, na empresa Ser Humano S.A., você é o capital, a marca, o produto e o serviço, e isso é verdade tanto para quem é autônomo quanto para quem é empregado formal! Em qualquer uma dessas duas situações, vencerá quem tiver um *estilo de vida* compatível com os novos tempos.

Faça de conta que eu sou uma espécie de mensageira da paz entre você e a organização. Nesse sentido, a minha função é facilitar o diálogo entre essas duas partes tradicionalmente antagônicas, aparando arestas, explicando o que, às vezes, cada um não consegue dizer ao outro. Comecemos pelo reconhecimento das qualidades — ou competências, como se costuma dizer — exigidas pelo mercado. A seguir, enumero as características mais valorizadas pelas empresas atualmente. Para fazer esse levantamento, além de pesquisar fontes ligadas aos recursos humanos, tive a ajuda de dois profissionais bastante atualizados: Ruy Leal, diretor executivo da ONG Via de Acesso, que faz uma conexão entre empresa e escola; e o professor espanhol José María Gasalla, consultor de empresas e palestrante, meu parceiro em algumas palestras.

Autoconfiança — A pessoa autoconfiante é segura e tem fé em si mesma. Conhece seu potencial e sabe o que é capaz de fazer — e também o que não é capaz, sinal de que reconhece os próprios limites. Ter autoconfiança é requisito básico para qualquer profissional, além de inspirar os outros a confiar nele.

Coragem — Há quem defina coragem como ausência de medo, mas acho esse conceito pouco real, já que o medo é uma emoção natural do ser humano. Coragem, de fato, é a capacidade de assumir riscos, de experimentar e de ousar. As empresas desejam profissionais corajosos, pois eles são capazes de superar o medo do novo, desafiar conceitos e quebrar paradigmas.

Determinação — No mundo corporativo, as coisas não acontecem só porque queremos. Para atingir um objetivo é preciso convencer pessoas, superar obstáculos, resolver problemas, obter recursos e ter muita constância, ou seja, não se deixar abater. Enfim, é preciso ter muita determinação — a capacidade de perseverar na conquista de objetivos e não perder o ânimo apesar das dificuldades.

Proatividade — Trata-se da capacidade de se antecipar a situações, necessidades ou problemas futuros. Ser proativo é ter senso de prontidão, estar ligado em tudo o que acontece à sua volta e ser capaz de imaginar cenários futuros, o que permite ter atitudes preventivas. Enquanto muita gente empurra os problemas com a barriga, o profissional proativo é aquele que tenta resolvê-los antes mesmo que eles aconteçam.

Inteligência emocional — É a capacidade de perceber, compreender, controlar e modificar nossas emoções. Essencial em qualquer área da vida, a inteligência emocional é ainda mais importante no trabalho, pois nos permite manter o equilíbrio ante as pressões, cobranças, incertezas, mudanças bruscas e frustrações que são tão comuns. É necessário ter autodomínio para sobreviver no mundo corporativo.

Adaptabilidade — O mundo de hoje nos apresenta duas características marcantes: a facilidade e a rapidez com que as coisas mudam. Uma crise estoura de repente, uma inovação tecnológica que revoluciona o mercado ou um movimento inesperado da concorrência, então tudo muda em nossa empresa, nosso setor, nosso projeto. Nesse cenário de transformações constantes e inesperadas, precisamos ter muita flexibilidade e nos adaptar às novas circunstâncias: o show tem que continuar.

Criatividade — A inovação é o motor do mundo corporativo, pois, para sobreviver em um mercado altamente competitivo, as empresas precisam buscar constantemente novos produtos, serviços, soluções, processos e mercados. Agora, se a inovação é o motor, o combustível é a criatividade. Embora muitos a considerem um dom, ela é uma habilidade que pode ser desenvolvida por meio da observação da realidade, do questionamento e da abertura para "pensar fora da caixa", atitudes que as empresas apreciam muito.

"Tecnofilia" — Já não se discute mais a necessidade de dominar a informática, os softwares de uso corrente em cada área profissional e os meios de comunicação eletrônica: isso tudo é o básico. Hoje, porém, é importante ir além do básico e estar sempre atualizado com as novas tecnologias, aplicando-as para criar novas oportunidades de negócios e melhorar a qualidade do trabalho. Isso é ser tecnófilo, ou seja, amigo da tecnologia.

Habilidade de relacionamento interpessoal — Uma das qualidades profissionais mais valorizadas no mundo corporativo é a de manter bom relacionamento, seja com colegas, superiores e subordinados, até clientes internos e externos e fornecedores. Afinal, as empresas precisam de pessoas que trabalhem integradamente, compartilhando conhecimentos e competências, além de oferecer atendimento de alto nível a clientes e parceiros de negócios.

Espírito cooperativo — Trata-se de uma qualidade essencial para o trabalho em equipe, cada vez mais valorizado pelas empresas. No mundo corporativo, colocar cérebros e talentos para trabalharem juntos é a melhor maneira de obter bons resultados, mas isso só funciona com pessoas que se empenham para que o grupo alcance os objetivos. Hoje já não basta "fazer a sua parte", a ideia é "fazer parte".

Habilidade de comunicação — Na vida da maioria dos profissionais, é muito comum defender uma ideia, expressar uma opinião ou apresentar produtos e projetos, o que requer habilidade para comunicar-se. E não basta falar bem: é igualmente importante escrever bem nestes tempos em que boa parte da comunicação corporativa se processa por e-mail.

Orientação para resultados — Gerar resultados é o que garante a sobrevivência de uma empresa. Nada mais natural, portanto, do que a busca por profissionais capazes de comprometer-se com os objetivos da organização e de direcionar ações, decisões e estratégias para o cumprimento desses objetivos. Isso é ser orientado para resultados.

Ética — Segundo a filosofia, ser ético é fazer o que é bom para si e para os outros — os colegas, a empresa, a sociedade ou mesmo o planeta. A ética é o complemento necessário à orientação para resultados: se eles representam o "aonde" chegar, ela é o "como chegar", sem desrespeitar, prejudicar ou transgredir.

É isso o que as organizações querem de você! A partir do exame cuidadoso das competências exigidas por essas empresas, podemos tirar algumas conclusões. Por exemplo, já podemos ter muitas dessas qualidades, pois fazem parte de uma herança familiar ou de nosso estilo de vida. Portanto, encontrar a empresa certa é muito mais fácil do que você imaginava e isso significa que você não está tão despreparado para o mercado de trabalho. Será necessário apenas refinar e valorizar o que já sabe, e esclarecer alguns pontos do "diálogo" empresa-profissional que desconhece.

Quero fazer uma sugestão a você: faça uma lista, *agora*, do que você quer das organizações.

Está difícil? Você não sabe muito bem? Depende? Sim, você tem razão, depende. Depende se você sabe o que quer ou não. Depende se você sabe qual é sua missão ou não.

Para alguns, talvez, essa seja uma situação fácil de ser resolvida, mas para a maioria dos brasileiros, de acordo com minhas pesquisas, não é.

Tenho uma historinha interessante para contar, dessas que vêm pela internet, mas que vai ajudá-lo a perceber de que lado você está.

> Em uma grande empresa do Nordeste, trabalhava Álvaro, um empregado sério, dedicado, cumpridor de suas obrigações e, por isso mesmo, já com seus vinte anos de casa. Um dia, Álvaro vai ao dono da empresa para fazer uma reclamação:
>
> — Dr. Moacir, tenho trabalhado durante estes vinte anos em sua empresa com toda dedicação e agora me sinto injustiçado. O Juca, que está conosco somente há três anos, está ganhando mais que eu.
>
> O patrão fingiu que não ouviu e, cumprimentando-o, falou:
>
> — Foi bom você vir aqui. Tenho um problema para resolver e você poderá fazer isso. Estou querendo oferecer ao nosso pessoal uma sobremesa após o almoço de hoje. Há uma barraca de frutas na esquina. Por favor, vá até lá e verifique se eles têm abacaxi.

Álvaro, sem entender, saiu da sala e foi cumprir a missão a ele designada. Em cinco minutos estava de volta.

— Como é? — perguntou o patrão.

— Verifiquei como o senhor mandou e eles têm — disse Álvaro.

— E quanto custa? — perguntou o patrão.

— Isso eu não perguntei, não.

— Tem outra fruta que possa substituir pelo abacaxi?

— Também não sei, não!

— Muito bem, Álvaro. Sente-se ali na cadeira e me aguarde um pouco.

O patrão pegou o telefone e mandou chamar Juca. Quando Juca entrou na sala, o patrão foi logo dizendo:

— Juca, estou querendo oferecer ao nosso pessoal uma sobremesa após o almoço de hoje. Há uma barraca de frutas na esquina. Vá até lá e verifique se eles têm abacaxi.

Em oito minutos, Juca estava de volta.

— E então, Juca? — perguntou o patrão.

— Eles têm abacaxi, sim. Têm em quantidade suficiente para todo o nosso pessoal e se o senhor quiser eles têm laranja e banana.

— E o preço? — perguntou o patrão.

— Bom, o abacaxi custa R$ 9,00 o quilo; a banana, R$ 3,00 e a laranja, R$ 40,00 o cento, já descascado. Mas como eu disse que a quantidade era grande, eles me concederam um desconto de 15%. Deixei reservado o abacaxi. Caso o senhor resolva, eu confirmo.

Agradecendo a Juca pelas informações, o patrão dispensou-o, voltou-se para Álvaro na cadeira ao lado e perguntou-lhe:

— Você falou alguma coisa quando entrou na minha sala hoje. O que era mesmo?

— Nada sério não, patrão — respondeu Álvaro.

Agora que você leu esta história, quero lhe fazer algumas perguntas:

Por que você acha que Juca foi tão solícito?

A ( ) Porque era funcionário novo e queria impressionar o patrão.

B ( ) Porque fazia parte do seu estilo de vida ser uma pessoa com espírito empreendedor.

C ( ) Porque estava comprometido com a empresa e fazia tudo em seu benefício.

D ( ) Porque tinha algum trato com o patrão, caso surgissem boatos sobre seu salário.

Em sua opinião, a atitude de Juca pode indicar seu grau de realização profissional? Para você, o comportamento de Álvaro é justificável, pois ele está sob pressão financeira e, portanto, sem condições para perceber o contexto?

Se você estivesse precisando de aumento e ao mesmo tempo soubesse que sua produtividade e seu desempenho tinham caído, você usaria a abordagem que Álvaro usou?

Você acha que são os vinte anos de Álvaro a causa de sua desmotivação?

Poderia continuar fazendo mais de mil perguntas diferentes, mas o que me interessa aqui é provocar uma reflexão. Na verdade, não nos interessa crucificar Álvaro ou Juca. O importante é saber com quem você se identificou: com Álvaro ou com Juca?

Ou você acabou ficando com raiva do patrão?

Atualmente, fala-se muito de funcionários descartáveis, mas eu não acredito nisso. Na verdade, há pessoas que acabam por se *descartar*, por trair a si mesmas, e que, por comodismo ou falta de consciência, de informação ou por medo de mudanças, vão mantendo a situação até a "aposentadoria", quando, então, poderão viver de verdade.

Você já se *descartou* alguma vez na vida?

Você acredita que as pessoas são *descartadas* ou elas se *descartam*?

Incomodamo-nos apenas com o que encontra ressonância dentro de nós. Essa é uma ótima dica para iniciar seu processo de autoconhecimento.

Capítulo 3
A DESCOBERTA DA MISSÃO

Algo só é impossível até que alguém duvide e prove o contrário.
Albert Einstein

Certa vez, perguntei a uma senhora o que faria se ganhasse um grande prêmio na loteria. Ela então me respondeu:

— Sairia do emprego, faria plástica, mudaria todo o meu guarda-roupa, me separaria do meu marido e mudaria de país.

Ao que parece, ela não gostava de quase nada em sua vida.

E você, o que faria se ganhasse uma fortuna na loteria e descobrisse que tem liberdade e tempo para realizar tudo o que deseja? Você continuaria na mesma atividade que exerce hoje?

Se a resposta for positiva, parabéns, você já sabe qual é a sua missão. Tem paixão pelo que faz e está expressando seus talentos singulares. Não significa que não tenha de enfrentar dificuldades e superar obstáculos, mas, quando finalmente atinge seus objetivos, é premiado com uma grande satisfação interior, que compensa todos os sacrifícios pelos quais passou. Podemos comparar essa sensação com a vitória de um atleta recordista: quando ele sobe ao pódio para receber a medalha, os longos e duros meses de treinamento e concentração justificam-se plenamente e são esquecidos. Ele trabalhou e se dedicou para chegar a esse momento. Ao contrário, quem acha que sua atividade profissional é apenas um meio de sobrevivência — pesado, árido e chato — naturalmente não pode gostar do que faz e sonha em fugir à primeira oportunidade, em busca da plena realização de sua missão. Na maioria das vezes, a descoberta da missão ou do talento não resulta em salários mais altos, reconhecimento público e aplausos. Nada disso tem importância para quem se dedica à missão, buscando, antes de mais nada, satisfação pessoal e intransferível. Exatamente por ter essas características, a missão não pode ser avaliada, julgada ou comparada: ela é única, como cada ser humano.

Muitas vezes, tomamos nós mesmos como modelo e criticamos determinada atitude de uma pessoa que conhecemos. Esquecemo-nos de pensar que o que é bom para nós pode ser ruim para os outros e não temos a humildade de aceitar que não é possível saber qual a *motivação* que levou aquela pessoa a agir da forma como agiu. E o que é pior, em nenhum momento pensamos que ela está indo ao encontro da sua missão, do seu destino, daquilo que a fará realmente feliz.

Isso me faz lembrar da fábula da formiguinha e da cigarra, de La Fontaine. Há pouco tempo, ouvi uma versão engraçada. Na história tradicional, enquanto a cigarra cantava, a formiguinha trabalhava, preparando-se para o inverno. Mas quando ele chegou, a cigarra não estava preparada. A versão que ouvi é quase uma piada. Quando termina o outono, a cigarra passa em frente à casa da formiga dentro de um belo carro e avisa:

— Vou passar o inverno em Paris! Um empresário famoso me ouviu cantar e fez um convite para que eu me apresentasse nas melhores casas de espetáculo da capital francesa!

Cantar era sua natureza, seu talento, sua missão.

Não precisamos ter necessariamente uma única missão em nossa vida. E antes que você me diga que já é difícil descobrir *uma* quanto mais *várias*, vou avisando: a missão é consequência da descoberta de nossos talentos, e uma única vida, às vezes, é pouco para experimentar todas as competências que possuímos.

No entanto, algumas pessoas têm uma missão global, única, que se amplia e se molda, respeitando as condições externas. Madre Teresa de Calcutá é um bom exemplo disso, Gandhi também. Outros descobrem novas missões no decorrer da vida. Recentemente, vi no noticiário o caso de uma senhora que depois de ter sido esposa, mãe e avó, resolveu estudar medicina, e aos 65 anos recebeu seu diploma e iniciou uma nova carreira. Outro caso interessante foi o de uma mulher que se afastou dos filhos para entrar em um convento, por convicção, deixando claro que isso não significava que havia deixado de amar a família. Você pode estar pensando que esse comportamento é visto mais entre as mulheres. Porém, certa vez estive no Chile para aperfeiçoar meu espanhol e conheci um pediatra italiano que, depois de 15 anos de profissão, descobriu o que ele chamou de vocação tardia, e entrou para a congregação franciscana, onde fez voto de pobreza. Por conta disso, ele doou todos os seus bens materiais para um único irmão e entrou em um projeto missionário nos desertos do Chile. Poucas vezes em minha vida pude encontrar uma pessoa tão feliz.

Não existe certo ou errado nesse tipo de escolha. Cada pessoa é única e precisa ouvir a voz do seu coração. Você mesmo já não sentiu um impulso inexplicável de realizar alguma coisa diferente, que fugisse completamente da formação que recebeu? Algo como sair de um emprego, largar a faculdade, mudar de cidade ou até de país? E depois de ter feito não acabou concluindo que foi a decisão mais acertada da sua vida? Às vezes, basta atravessar uma rua para se ter uma nova visão do mundo, para se perceber um caminho insuspeitado...

Foi o que fez um executivo. A insatisfação o levou a abandonar uma bem-sucedida carreira em uma multinacional. Nos primeiros seis meses de "liberdade", descansou, encontrou amigos que não via há tempos para longos bate-papos. Gostou disso. Como ele costuma dizer:

> O mundo que descobri além do meu antigo e bem equipado escritório era muito mais interessante do que jamais havia pensado. Durante mais de 20 anos, minhas conversas e meus contatos com as pessoas foram limitados pela agenda, pelas pautas de reuniões e até mesmo pela postura que acreditei que deveria assumir para exercer melhor o meu cargo. Quando decidi romper com isso, não tinha nem mesmo clareza dos motivos que me levaram a tomar essa atitude drástica. O tempo me mostrou que o que eu queria, de fato, era estar mais próximo das pessoas, conviver e interagir com elas.

Finalmente, ele decidiu criar um escritório de assessoria, reservando para si o cargo de contato com os clientes — não queria mais ficar atrás de uma mesa, em uma função burocrática. Queria ir à luta, conhecer pessoas, "vender seu peixe". Hoje, esse ex-executivo tem uma agenda apertada, uma vida corrida, mas não abriria mão dela por dinheiro nenhum!

> Viajo com frequência, me reúno com clientes das regiões mais distantes do país. Há pouco tempo estive, na mesma semana, em Salvador, Goiânia e Campinas, intercalando viagens com reuniões e encontros em vários pontos da capital paulista. Cansativo? Não, de jeito nenhum. Sinto-me pleno e realizado, constantemente estimulado pelo contato com as

pessoas, em uma troca intensa de experiências. Faço o que gosto e ajudo os outros, ou seja, existe um alinhamento perfeito entre os meus objetivos pessoais e coletivos, caracterizando uma verdadeira missão.

Viktor Frankl, escritor, diz: "As pessoas que buscam a autorrealização diretamente, desvinculada de uma missão, de fato não as logram." E diz mais: "Se perdemos de vista nossa missão, perdemos também nossa identidade." Marco Aurélio Viana, palestrante e estrategista empresarial, gosta tanto do que faz que costuma dizer: "Não tenho profissão, tenho missão." Certa vez, lendo uma entrevista de Jô Soares, fiquei agradavelmente surpreendida. Quando o entrevistador perguntou se não era difícil para ele — que tinha uma agenda cheia e diversificada — escrever livros, Jô respondeu: "Difícil, não! Sinto um grande prazer ao fazer tudo o que faço!" Certamente ele descobriu sua missão e se entregou a ela.

A missão pressupõe a consciência do compromisso e da obrigação consigo próprio, com a comunidade e com o planeta. Por isso, deve ser:

- Pessoal: relacionada a nossas realizações afetivas e nossos sonhos.
- Coletiva: relacionada aos valores, à cultura e às realizações da organização na qual estamos inseridos — seja ela uma empresa, uma comunidade, o planeta ou uma nação. A missão primeira do ser humano é ser guardião da vida do planeta Terra.

Esses dois aspectos — pessoal e coletivo — precisam, necessariamente, estar alinhados. A importância da adequação entre missão pessoal e coletiva fica mais clara quando observamos nós mesmos e o mundo em que vivemos. As altas taxas de poluição são um exemplo claro de desalinhamento, já que são provocadas por empresas interessadas apenas em lucro e afetam seriamente a saúde da população. A missão correta de uma empresa seria produzir, com lucro e segurança, salvaguardando o bem-estar da comunidade.

Uma história exemplar

Há pouco tempo, tive o prazer de conhecer uma pessoa que, sem exageros, mudou meu modo de ver e sentir a vida. É uma história sobre a descoberta de uma missão maravilhosa.

Maria Eulina Reis Silva Hilsenbeck chegou a São Paulo em 1970. Tinha 20 anos e uma grande expectativa em relação à cidade grande. Natural da cidade de São José dos Basílios, no interior do Maranhão, Maria Eulina teve uma infância típica de uma família tradicional e abastada. O pai, muito rígido e conservador, era bastante rígido em se tratando da educação dos filhos. A mãe cuidava do marido, dos filhos e da casa com total zelo e dedicação. Mas, Maria Eulina, com toda a inquietação característica da juventude, queria mais da vida. Veio para São Paulo cheia de esperanças a convite de uma prima que já morava na cidade. Entretanto, a convivência com a prima durou pouco: depois de quinze dias, foi "convidada" a sair de casa. Durante dois meses, morou em um pensionato, até que o dinheiro acabou e Maria Eulina foi parar na rua.

Apesar de ter se tornado uma sem-teto, Maria Eulina sempre teve em mente que jamais se deixaria levar pelas drogas, pela prostituição ou pelo caminho do crime. Apesar de sua situação miserável, ela sabia que um dia teria uma família e uma casa. A experiência dramática levou-a a conhecer um mundo à margem da sociedade, que a maioria das pessoas ignora ou despreza. A partir desse momento, apesar de toda sua fragilidade, definiu sua missão: assim que estivesse em melhores condições financeiras, dedicaria sua vida a ajudar os menos favorecidos.

Depois de quase dois anos nas ruas, em uma noite como tantas outras por que já havia passado, Maria Eulina estava no centro de São Paulo quando o carro de Vânia, um anjo caído do céu, como Maria Eulina gosta de frisar, quebrou bem na sua frente, e ela começou a reclamar. Maria Eulina disse a ela:

— Você está xingando por tão pouco. Imagine se estivesse no meu lugar.

Foi o bastante para que Vânia olhasse para aquela menina suja e estendesse seu braço a fim ajudá-la. Foi com essa ajuda que Maria Eulina começou a trabalhar como recepcionista em uma grande empresa de São Paulo. Como em um conto de fadas, o diretor da empresa apaixonou-se pela bela moça maranhense. Casaram-se. Tudo poderia ter terminado com esse final feliz. Entretanto, Maria Eulina jamais se esqueceu da missão a que tinha se proposto quando ainda morava nas ruas: batalhar pelo resgate da cidadania e da qualidade de vida das pessoas sem condições financeiras e sociais.

Esse trabalho teve início em 1976. Em 1993, tornou-se oficial com a fundação do Clube de Mães do Brasil, uma organização não governamental que oferece diversos programas de capacitação profissional, proporcionando a jovens e adultos a oportunidade de ter uma profissão e construir uma nova vida. Além disso, a sede da ONG em São Paulo também assiste moradores de rua e lhes oferece moradia provisória.

Maria Eulina estava então casada e tinha três filhos e um neto, todos encaminhados, e cada vez mais se envolvia com seu projeto. Então, o marido, sentindo-se no limite das suas forças, há muito lhe pedia uma decisão: ou os desabrigados ou a família. Maria Eulina tinha 47 anos, uma idade muito especial, durante os quais já havia realizado e vivido muitas coisas. Ela sentia que aquela era a sua missão. Mesmo assim pediu para o marido alguns dias para pensar. Depois de uma semana, decidiu-se: "Vocês não precisam mais de mim, eu já fiz tudo que tinha que fazer aqui, agora eu tenho que realizar esta obra, esta é a minha luta."

E Maria Eulina deixou tudo para trás e se mudou para o abrigo. Hoje ela mora com os desabrigados em um pequeno quarto com um banheiro. Cada um em sua própria cama como um grande dormitório.

> Acredito na educação, na oportunidade de emprego, na profissionalização, na solidariedade, e é por meio da oportunidade que o homem poderá conseguir uma vida melhor. Precisamos compreender que vivemos em sociedade e que só com a boa vontade de cada um conseguiremos dar um fim a toda essa miséria.
>
> Maria Eulina

Um momento de reavaliação

Depois de ler essa história sobre a descoberta da missão de vida, gostaria de propor um momento de reavaliação ou de reflexão. Como ponto de partida, leia este texto:

> "Para ser o que sou hoje, fui vários homens e, se volto a encontrar-me com os homens que fui, não me envergonho deles. Foram etapas do que sou.
>
> Tudo o que sei custou as dores das experiências. Tenho respeito pelos que procuram, pelos que tateiam, pelos que erram. E, o que é mais importante, estou persuadido de que minha luz se extinguiria se eu fosse o único a possuí-la.
>
> Goethe

Agora, detenha-se em cada verso. Reflita sobre a profundidade das verdades expressas pelo poeta:

Para ser o que sou hoje, fui vários homens (...)

Sabemos que somos resultado de nossas experiências. Partindo desse princípio, a análise dos fatos e ações do passado nos ajudam a seguir em frente. Por isso, sugiro que você reflita sobre tudo o que já fez.

e se volto a encontrar-me com os homens que fui,
não me envergonho deles. Foram etapas do que sou.

Por mais marcantes que tenham sido alguns fatos passados, podemos vê-los, no presente, de uma maneira diferente graças ao distanciamento tempo-espaço e às experiências adquiridas. Muitas vezes percebemos que atitudes que nos constrangeram anos atrás, hoje nos fazem rir, e que não há qualquer motivo para nos sentirmos envergonhados. Se agimos de determinada maneira, foi apenas consequência de uma situação a qual respondemos com os instrumentos — ou conhecimentos — que possuíamos na época. Lembre-se de que o distanciamento nos ajuda a ver a dimensão real dos fatos. Reflita sobre algumas das suas experiências.

Tudo que sei custou as dores das experiências.

Relacione todas as experiências difíceis ou dolorosas.

Tenho respeito pelos que procuram,
pelos que tateiam, pelos que erram.

Este é o momento indicado para avaliar o seu processo de aprendizagem e de aquisição de experiência, resgatar e valorizar o apoio que recebeu dos outros e de si mesmo.

E, o que é mais importante, estou persuadido de que minha luz se extinguiria se eu fosse o único a possuí-la.

Esse trecho trata da importância de partilharmos o que somos e o que sabemos.

O poema acabou, mas a vida não. A reflexão é um exercício essencial contínuo e vai sempre valer a pena pensar:

- Como você percebeu que tinha de olhar para trás e se modificar?
- Quais são as situações que hoje parecem muito simples mas que, um dia, você considerou terríveis?
- Quais são, atualmente, as suas principais dificuldades?
- Você está conseguindo superá-las de modo satisfatório?
- Qual é a sua reação diante de algo que não lhe agrada?
- Você se sente bem reagindo dessa forma?
- Será que você pode mudar isso? Como?

"Mas por que tantas perguntas?", você deve estar questionando. São muitas, é verdade, mas nem de longe cobre todo o universo de questões que assaltam um ser humano. Com elas, procuro apenas dar a você um instrumento de reflexão que, nem de longe, pretende se esgotar. Mais do que isso, desejo mostrar a importância do *pensar* e do *perguntar* — aos outros e a si mesmo.

Aprendendo a pensar

Atualmente, uma das coisas que me dá mais prazer é pensar. Isso é quase um milagre, pois em um mundo tão estimulante, excitante e exagerado quanto o nosso, a introspecção nem sempre é vista com bons olhos: não está na moda, não está na mídia e não interessa ao marketing, que valoriza as respostas reativas, emocionais e rápidas.

Para pensar de maneira consistente — e, a partir daí, concluir, decidir, realizar —, é imprescindível que você tenha tempo e disponibilidade. Normalmente, tudo o que fazemos é nos debater com decisões que precisam ser tomadas, com coisas que precisam ser feitas ou ditas e com uma quantidade extraordinária de informações que recebemos a cada instante. O resultado é o que chamo de indigestão mental, consequência da falta de tempo que temos para digerir tudo o que vemos, sentimos, percebemos...

Já que falamos tanto em gerenciamento, negociação, qualidade de vida etc., deveríamos marcar uma reunião com nosso "gerente interno" e negociar um momento diário exclusivo para... pensar! Pois é: precisamos estar conscientes de que não pensar pode ser altamente prejudicial para nossa vida. Como diz o ditado popular, "Quando a cabeça não pensa, o corpo padece".

Ou, como costumava dizer o pai de uma amiga, nos seus últimos anos de vida: "Me tire o tesão, mas não me tire a razão." Ou seja: não me tire a capacidade de pensar e raciocinar com clareza.

Mas o que pensar? Como pensar?

Acredito que, para pensarmos de maneira eficiente e eficaz, é importante observar — sem prejulgamentos ou críticas — os temas que se pretende aprofundar via pensamento, dedicando a ele (pensamento) o mesmo cuidado respeitoso com que tratamos as pessoas que amamos: não devemos interrompê-los e, quando fazemos isso, é importante voltarmos ao ponto de onde paramos assim que for possível. É preciso, ainda, acreditar que a reflexão é um processo realizador, rico e extremamente prazeroso.

Se estiver lhe causando algum mal-estar, é bom dar mais atenção a ele e buscar os motivos do desconforto.

Às vezes, o problema reside na forma como pensamos ou nos preocupamos — são aqueles pensamentos recorrentes, que não saem da nossa cabeça e não nos levam a nada. Nesses momentos, o melhor é *não pensar*!

"Leila, uma hora você fala que é bom pensar, outras, que é melhor não pensar. Decida-se sobre o que é melhor!" Quando falo em não pensar, não estou sugerindo que você não reflita, não se aprofunde em seus sentimentos ou nas informações que recebe. Falo, sim, de um momento de quietude em que você, por inteiro, se *dá um tempo* para alinhar sentimentos, ação, comportamento — um momento de meditação que certamente vai prepará-lo para atitudes mais firmes e pensamentos realmente produtivos. É algo semelhante ao jejum preconizado por algumas linhas da medicina alternativa para desintoxicar o nosso organismo. Às vezes, a mente também precisa ser desintoxicada para funcionar melhor, evitando ações determinadas por ideias pouco claras e que acabam por sabotar, prejudicar e impedir nosso desenvolvimento.

É a partir do pensamento que vem o *conhecimento*, o *comportamento*, a consciência. Você pode aprender pelas circunstâncias ou pela consciência. Você pode aprender pela dor ou pelo amor. Está na hora de aprendermos pela consciência e diminuirmos o nosso aprendizado inconsciente e doloroso.

Quando perguntar é a solução

Você já fez terapia? Você sabe por que as pessoas fazem terapia? Se nunca fez, se já fez ou, ainda, se está fazendo, isso não importa para este capítulo. O que realmente interessa aqui, agora, é que essas perguntas podem nos levar a uma conclusão importante: o terapeuta não lhe dá as respostas que você procura, mas as perguntas de que você precisa. O bom terapeuta não é um conselheiro, mas sim um bom perguntador. Perguntas bem-orientadas levam você a ter *insights*, a vislumbrar a tal luz no fim do túnel.

Existem pessoas que fazem terapia durante anos e acreditam que o dinheiro investido no tratamento é o mais bem-gasto de sua vida. Sabe por quê? Talvez elas simplesmente não têm a disciplina de dar um tempo diário a si próprias para pensar, digerir, relacionar ações e emoções; então sentem-se confusas, solitárias, perdidas em um oceano de sentimentos, inquietações, aflições, angústias. O peito parece "apertado", o corpo está sempre cansado, as costas doem. Têm medo, mas sequer conseguem dizer do quê. Eventualmente esse mal-estar as leva a procurar ajuda. Algumas pessoas, no entanto, precisam apenas se isolar para digerir o que estão vivendo, enquanto para outras basta dormir: acordam com tudo resolvido.

Com qual dessas formas de "digestão mental" você se identifica? Na realidade, todos nós acabamos por usar os três tipos, dependendo da quantidade e da qualidade dos pensamentos que precisamos digerir e do nosso estado emocional — ele tem uma grande influência em qualquer processo de digestão, tanto a de alimentos quanto a de ideias, emoções e pensamentos. Mas seja qual for a digestão — via processo terapêutico, recolhimento ou sono —, você deve estar atento ao seguinte:

- Relaxamento e sono. Nada como uma boa noite de sono para resolver algumas indigestões mentais. Devemos, no entanto, nos preparar adequadamente para ela: evite dormir no sofá da sala, em frente à televisão, ou com o rádio ligado em uma estação que só transmite noticiário ou rock! Ninguém descansa com o corpo em posição desconfortável ou ouvindo um barulhento filme de ação. Acostume-se a fazer do deitar um ritual, utilizando, se preferir, algumas técnicas de relaxamento ou meditação.

- Recolhimento. Ficar um pouco sozinho para refletir é extremamente importante. Veja as vantagens do trânsito e perceba como pode aproveitar os engarrafamentos para pensar e refletir — e se você gosta de registrar o que pensa, leve um gravador, isso vai ajudar! Existem diversas outras oportunidades diárias que favorecem o "ficar sozinho para pensar", como as caminhadas ou a hora do banho. Uma amiga jornalista afirma que suas melhores ideias vêm durante o banho ou quando está fazendo algum trabalho mecânico, como lavar louça. Um professor de filosofia sente-se especialmente criativo com a prática da jardinagem: "Depois de uma manhã mexendo na terra, sou capaz de resolver, com tranquilidade, qualquer problema", diz ele.

Há quem prefira, ainda, aproveitar esses momentos de recolhimento para escrever sobre a vida, os sentimentos, as decisões. Algumas pesquisas realizadas nos Estados Unidos apontam o valor terapêutico de uma prática que todo mundo acha infantil ou "coisa de adolescente": escrever um diário! Escreva o seu e certamente estará aproveitando para refletir e repensar, de maneira produtiva, tudo o que lhe acontece.

- Compartilhar dúvidas. Existem pessoas que não sabem ficar sozinhas e que precisam de alguém para interagir. Muitas vezes não querem um "perguntador", basta um "ouvidor". Elas mesmas perguntam e respondem, têm *insights* sem que a outra pessoa, explicitamente, tome parte — a propósito, essa é a função do amigo!

Nesse processo de digestão, o mais importante, e também o mais difícil, é saber selecionar e identificar o que é nutritivo e o que é tóxico — e que, portanto, precisa ser descartado. Muitos acabam desprezando o bom e ficam só com o negativo, o destrutivo. Esses indivíduos são os grandes reclamadores, os pessimistas, aqueles que não sabem transformar crises em oportunidades. Usam a avaliação para desmotivá-los e não conseguem absorver o melhor das situações: o aprendizado.

Saber perguntar pode ajudar as pessoas no processo de digestão mental. Nesse caso, as perguntas funcionam como enzimas, caminhando entre as ideias e os pensamentos, selecionando, focalizando, sistematizando, organizando, juntando e separando, desprezando e resolvendo. Constituem, portanto, os grandes facilitadores do processo de digestão mental.

Mas qual é o tipo de pergunta que devo fazer?

Qualquer uma, desde que seja bem direcionada e sem autopiedade, autoflagelação, perfeccionismo, pessimismo, prejulgamento, negativismo. Não podemos nos esquecer de que todo o processo é único e sempre leva a um aprendizado, a uma nova experiência e vivência. Saber perguntar é uma arte e fazer perguntas para si mesmo pode ser a solução para aumentar a sua autoestima, equilibrar o estresse, aprofundar o autoconhecimento. O resultado é a automotivação e a possibilidade de colocar sua própria carreira em ascensão, ou seja, tomar sua vida nas mãos!

Para ajudá-lo, preparei três baterias de perguntas. Lembre-se de que o importante não é ter as soluções, mas sim as perguntas, porque *você é a resposta, você é a solução.*

Perguntas para o início do dia

Estas questões vão ajudá-lo a "abrir o arquivo" logo cedo. Melhor do que isso, vão alimentar seu bom humor e seu entusiasmo, e fazer com que você se sinta bem disposto para o primeiro dia do resto da sua vida:

- O que me faz feliz atualmente?
- O que mais me estimula hoje em dia?
- O que mais me dá satisfação e orgulho neste momento?
- O que está acontecendo em minha vida que faz eu me sentir grato?
- Com o que me sinto comprometido atualmente?
- Quem eu amo?
- Quem me ama?

Perguntas para serem feitas à noite

Faça estas perguntas preferencialmente antes de dormir:

- O que eu aprendi hoje?
- Como foi a minha produção hoje?
- O que eu fiz que constituiu uma diferença notável em relação aos outros dias?
- O que eu acrescentei em qualidade de vida hoje?
- Como eu usei o meu *hoje* em benefício do futuro da humanidade?

Perguntas para qualquer hora do dia

A qualquer momento do dia, quando se deparar com um problema, faça as seguintes perguntas:

- Qual é o meu problema?
- Qual é o fator mais grave do meu problema?

- O que precisa acontecer para que a situação fique como eu desejo?
- O que eu posso fazer?
- O que eu não posso fazer?
- O que já estou fazendo?
- Quanto o problema já melhorou com o que estou fazendo?
- Como posso tirar proveito dessa situação enquanto ela não se resolve?
- O que estou aprendendo com essa situação?

Capítulo 4
Talento, habilidade e competência

O limite do homem é o limite dos seus sonhos.
John F. Kennedy

Como posso descobrir os meus talentos? Como posso ensinar meus filhos a fazerem a mesma coisa? Essas perguntas vieram repentinamente à minha cabeça quando li um texto do escritor Deepak Chopra:

> *(...) De vez em quando, eu falava que havia uma razão para eles estarem aqui e que cada um teria de descobrir por si mesmo que razão era essa. Desde os quatro anos de idade eles ouviram isso. Também ensinei-lhes a meditar quando tinham mais ou menos essa idade. Eu lhes dizia sempre: "Não quero que vocês se preocupem em ganhar muito dinheiro. Se não forem capazes disso quando crescerem, eu mesmo providenciarei seu sustento, portanto não se preocupem. Não quero que o objetivo de suas vidas seja o de ser um sucesso na escola nem o de ter as melhores notas ou o de frequentar as melhores faculdades. Mas quero que se perguntem como poderão descobrir o seu talento e servir à humanidade, pois cada um de vocês tem um talento único que ninguém mais tem. E cada um tem uma forma de expressar esse talento que mais ninguém tem." O resultado é que eles acabaram indo para as melhores faculdades e são únicos naquilo que os torna economicamente autossuficientes, porque estão concentrados no que vieram fazer aqui.*

Um dos pontos que despertou a minha atenção no texto de Chopra foi a definição do talento como um atributo de *todo ser humano* — e não apenas dos superdotados —, tão particular e único quanto uma impressão digital. E todos sabemos que não existem duas impressões digitais idênticas em todo o mundo. O que tudo isso quer dizer?

Normalmente acreditamos que apenas algumas pessoas são talentosas. De fato, se eu perguntar a você o nome de três homens ou mulheres de reconhecido talento, muito provavelmente vai citar atores, músicos, escritores, pintores, bailarinos, ou seja, apenas celebridades. Nada de gente como a gente! Isso ocorre porque geralmente associamos talento à expressão artística, esquecendo-nos de que ele se manifesta em qualquer atividade humana, mesmo nas menos valorizadas. Você pode detectá-la em um mecânico, um vendedor ou um professor. *Você deve detectá-la em você mesmo.* Mas como?

A resposta a essa pergunta implica entendimento do que *eu acho* que seja, efetivamente, *talento* e de que forma ele se diferencia de outras duas qualidades humanas: *habilidade* e *competência.* Isso é importante, uma vez que essas palavras têm sido usadas de diferentes maneiras pelos estudiosos do assunto, às vezes como sinônimos, outras como qualidades complementares, gerando mal-entendidos e certa confusão.

A caixa de Pandora

Talento é uma inteligência natural, um dom divino que todos nós recebemos sem aviso ou manual de instrução. Ninguém nasce sabendo qual é o seu talento e, nesse sentido, eu o associo ao conteúdo de uma misteriosa caixa de Pandora, que pode ser aberta ou não, revelando ou não o que guarda em seu interior. Muitas pessoas morrem sem ter aberto essa caixa. Outras são mais bem-sucedidas e acabam por descobrir não um, mas vários talentos.

Vários? Afinal, quantos talentos possuímos? Muitos. Alguns são mais claramente identificados do que outros, mas tudo de que precisamos é dar oportunidade para que todos eles aflorem e tomar consciência de cada um deles para aperfeiçoá-los. Uma das grandes preocupações da escola moderna é exatamente auxiliar seus alunos na descoberta de seus talentos e no desenvolvimento das habilidades mais adequadas e necessárias à sua plena expressão.

Na medida em que isso é feito, vai emergir em cada pessoa um dos potenciais mais valorizados pela sociedade contemporânea: o empreendedorismo. Não o vejo como atributo de poucos, como algumas pessoas afirmam, mas, sim, como uma qualidade natural do homem. Se entendermos o empreendedor como a pessoa que realiza seus sonhos, não há como duvidar de que todos nós, sem exceção, podemos concretizar um empreendimento, seja de que tipo for. Se não fazemos isso, é porque fomos podados, adormecidos por uma educação castradora e limitante.

Empreendedorismo

O empreendedorismo pode ser aprimorado a partir da aquisição e da prática de novas atitudes ou da valorização de qualidades pessoais mal trabalhadas. Para tanto, basta examinar o comportamento de um empreendedor moderno:

1. Iniciativa e busca de oportunidades

Atento, o empreendedor se antecipa aos acontecimentos e se prepara para o que "der e vier". Mantém-se informado e é capaz de identificar novas oportunidades.

2. Persistência

Não desiste diante de um obstáculo. Ao contrário, busca formas de contorná-lo ou superá-lo, assumindo responsabilidade pelos métodos utilizados para alcançar suas metas.

3. Avaliação dos riscos

Sabe calcular os riscos, diminuindo seus impactos, e avaliar as alternativas, de forma a controlar os resultados esperados. Por isso, não teme as situações desafiantes ou os riscos moderados.

4. Criatividade

É capaz de encontrar as melhores soluções, às vezes inusitadas, produzindo qualidade e excelência.

5. Comprometimento

Empenha-se pessoalmente na realização de seu sonho. Está comprometido com a realização de seus projetos (pessoais e profissionais), mesmo que tenha de fazer sacrifícios ou esforços extraordinários.

6. Planejamento

Nenhuma ação é deixada ao acaso: estabelece metas específicas, mensuráveis, relevantes e tangíveis. Planeja cada passo, mas está sempre pronto a mudar seus planos, a partir da análise cuidadosa do cenário em que se movimenta.

7. Capacidade de persuasão

Um empreendedor sabe utilizar os mais diferentes instrumentos para conquistar adeptos e apoio para suas ideias.

8. Autonomia

Seguro, é capaz de manter seu ponto de vista mesmo diante da oposição ou de alguns resultados desfavoráveis.

Portanto, talento não é prerrogativa de atores, pintores e músicos. Posso perceber o olhar descrente de alguns de vocês a me questionar: "Todo mundo tem talento? Sei não... Se isso for verdade, qual é o meu talento? Não sou diferente nem mais especial do que a maior parte das pessoas que conheço!"

Se você afastar o preconceito que encaram uma atividade como melhor ou mais importante do que outra e abandonar de vez a ideia de que talento é um tesouro para poucos, estará dando os primeiros passos para aceitar e reconhecer seus próprios talentos. Tudo é fruto da forma como nos posicionamos diante do que fazemos, e isso faz parte do seu *estilo de vida*! Tomemos como exemplo o caso de um pedreiro. Quando perguntado sobre o que está construindo, ele pode ter duas respostas:

Estou construindo um muro.

Ou:

Estou construindo uma catedral.

Nenhuma das duas respostas é uma mentira ou uma verdade absoluta. Só que a primeira não revela toda a dimensão do que ele está fazendo: não está só construindo um muro. Está erigindo as bases de uma obra muito maior e importante: uma catedral.

Tentemos o mesmo exercício com um eletricista:

Conserto postes de luz.

Ou:

Ajudo a iluminar o mundo.

E você, o que faz?

Competências

Levy-Leboyer definiu *competência* como um "repertório de comportamento que algumas pessoas dominam melhor do que outras, o que as faz eficazes em determinada situação". Concordo com ele e acrescento que, assim como o talento — ao qual está intimamente ligada —, a competência é fruto de características particulares inerentes a cada ser humano. Posso ser incompetente para algumas tarefas, mas isso não quer dizer que eu não realize outras com eficiência.

Durante dois anos, um executivo de uma grande empresa lutou bravamente para atingir o nível de competência exigido por seu superior. Finalmente foi obrigado a admitir que não tinha o perfil adequado àquelas atribuições e estava perdendo tempo e energia ao tentar ser o que não era. Mas não deixou que isso abalasse sua autoestima: estava seguro de que podia se sair bem em outras funções, em uma empresa diferente. Pediu demissão com uma frase absolutamente banal, mas cheia de significados:

— Tem gente que frita bife melhor do que frita ovo!

Diante do espanto do seu chefe, explicou:

— Jamais comi um bife tão bom quanto aquele que eu mesmo preparo. Nem mesmo minha mãe sabia fazê-lo tão bem! Mas o meu ovo frito deixa muito a desejar. É a mesma coisa no meu trabalho: creio que as coisas que eu sei fazer bem não são necessárias ao meu cargo atual e a esta empresa. Vou procurar um lugar onde elas sejam importantes.

Conversando com o escritor e consultor José Carlos Figueiredo, ele me contou que nem mesmo a melhor formação pode dotar uma pessoa de competências específicas que ela não tem dentro de si. "Já vi muito tempo e dinheiro serem perdidos em um esforço dessa natureza, sem qualquer resultado", diz ele.

As empresas estão mais atentas a esse fator e não investem na formação de colaboradores que sabem, *a priori*, que não são adequados a determinado cargo. Por isso, em primeiríssimo lugar, estabelecem as funções de acordo com a necessidade da organização, ou seja, o que ela precisa para cumprir sua missão e quais as competências essenciais para atingir suas metas. Em seguida, traça o perfil básico da pessoa que deve exercer essas mesmas funções. Portanto, as competências podem ser aprimoradas, mas jamais adquiridas na "marra". É preciso que fique claro que hoje a palavra "competência" é usada para definir a capacidade do indivíduo de conhecer e saber usar os instrumentos adequados para atingir os seus objetivos e os da organização para a qual estiver trabalhando. Para isso, além de competente, ele precisa desenvolver as *habilidades* intrínsecas da sua competência, o que pressupõe aprendizagem e dedicação, inerentes a determinado estilo de vida.

Os exemplos de Leonardo da Vinci, Charles Chaplin, Pablo Neruda e Picasso

Na prática, o que é *talento, competência* e *habilidade*? Tomemos como exemplo o sábio italiano Leonardo da Vinci, a partir de um de seus talentos inatos: as artes plásticas.

Como *artista*, ele possuía várias competências. Uma delas era a escultura. Nessa área, ele tinha pelo menos uma habilidade adquirida, claramente definida: a de esculpir em mármore.

Outro exemplo que não deixa margem a dúvida é o de Charles Chaplin. Ele possuía um dom divino: o de se expressar por meio da linguagem cinematográfica. Como comunicador desse tipo de veículo, Chaplin tinha várias competências. Representar as emoções humanas era uma delas, o que exigia diversas habilidades desenvolvidas no decorrer de sua vida, como direção, atuação, dança e composição. Ou seja, ele dominava todas as habilidades necessárias à expressão de suas competências e de seus talentos. Era capaz de dirigir, atuar e criar a coreografia e as músicas de um filme. O mesmo podemos dizer do escritor chileno Pablo Neruda, que parecia já ter nascido com uma caneta na mão, e de Picasso com seu pincel. A vida desses homens foi preenchida de sentimento e expressão: o amor, a dor, as paixões, as vitórias, as injustiças, a coragem, a força, a fraqueza, a beleza e, um dia, a morte.

Mas Da Vinci, Chaplin, Neruda e Picasso fazem parte do contingente de celebridades. Como se revelam o talento, a competência e a habilidade em pessoas comuns, como você e eu?

Um homem nasce com um talento inato para trabalhar com as mãos e revela-se muito competente para consertar os mais variados objetos. Isso é claramente identificado em tenra idade. Ele é capaz de montar e desmontar seus brinquedos. Aos poucos, desenvolve uma habilidade para consertar motores de carros ou de máquinas de alta precisão. Pronto! Já pode ser considerado um ser humano completo em sua vida e em sua atividade profissional.

Isso não quer dizer, no entanto, que precisamos ter todas as competências e habilidades possíveis. Se formos capazes de estabelecer vínculos produtivos com pessoas de talentos, competências e habilidades diferentes das nossas, poderemos, com certeza, formar uma equipe completa. É a soma das contribuições individuais de cada colaborador que movimenta todo o processo produtivo de uma empresa — não somos obrigados a fazer ou saber tudo, mas devemos *saber trocar e trabalhar em equipe*!

Exigências de um mercado de trabalho altamente competitivo

Sejamos honestos: muitas vezes não sabemos o que nosso chefe ou cliente quer quando exige *competência* e *habilidade*. Sim, porque os fatores que mediam essas qualidades já não são os mesmos. Assiduidade, pontualidade e boa execução dos trabalhos, por exemplo, continuam valendo pontos, mas caíram no ranking dos requisitos essenciais para um profissional, abrindo espaço para novos e mais abrangentes atributos. Hoje, exige-se que, além de conhecer seu instrumento de trabalho e pelo menos mais um idioma, é necessário:

- Pensamento sistêmico
- Ser *high-tech* e *high touch*

Tudo isso trata das habilidades associadas a competências como *visão de futuro, visão global do mercado* em que atuamos e *visão estratégica.*

Pensamento sistêmico: o todo em primeiro lugar

O pensamento sistêmico é a habilidade de olhar a vida e as atividades profissionais de uma maneira abrangente e global, entendendo a sinergia entre os diversos elementos que compõem o todo. Isso permite saber exatamente qual é o seu papel na cadeia na qual está inserido, qual é o papel dos outros membros e de que maneira estamos inter-relacionados. Se você não sabe por que faz determinada tarefa e ignora o que acontece na mesa ao lado, não pode — por mais que se esforce — atingir as suas metas e as da organização. Isso é verdade em uma empresa e em sua vida pessoal. O bloco do eu sozinho, como já disse, não tem mais vez no mundo globalizado de hoje.

Essa forma de pensar não se aplica apenas à esfera profissional, mas também aos aspectos sociais e até pessoais. Minhas emoções não podem ser apartadas das minhas ações. O mau funcionamento de uma das partes do meu corpo — o fígado, por exemplo — vai comprometer o bem-estar geral. Consequentemente, isso vai afetar a minha atividade física e intelectual, repercutir na execução do meu trabalho, atingir minha equipe e refletir nos resultados da organização a qual pertenço... E a cadeia não para aí!

High-tech: a tecnologia a nosso favor

Outra habilidade muito valorizada no mercado de trabalho atual é a capacidade de dominar a tecnologia existente (*high-tech*). Para um grande número de atividades, não se concebe mais um profissional que não saiba lidar com um computador ou extrair o máximo desse equipamento. Afinal, o que ele tem a oferecer vai depender exclusivamente da nossa habilidade/capacidade de comando: pode funcionar como uma simples máquina de escrever ou calculadora — e, nesse caso, estaremos desperdiçando seu extraordinário potencial, que só se revela em resposta à nossa ação.

High touch: percebendo o mundo em todas as suas dimensões

Só é possível perceber o mundo em todas as suas dimensões por meio da habilidade *high touch* — uma alta percepção da realidade. *Precisamos* estar atentos não só a nós mesmos e ao ambiente em que vivemos, mas também, e com igual dedicação, ao espaço que se estende além de nossas fronteiras geográfica e política. *Precisamos* saber o que está acontecendo — e como está acontecendo — em mim e no mundo. *Precisamos* estar preparados para mudanças e, mais do que isso, precisamos prevê-las, nos adiantar a elas, estimulá-las.

Para que isso ocorra adequadamente é importante fortalecer ou aprimorar algumas características da personalidade humana, lembrando que cada uma delas está intimamente associada a outras. Por exemplo:

- Flexibilidade: o comportamento rígido está definitivamente fora de moda. Devemos ser como pinheiros altos, que se curvam ao sabor dos ventos, mas não se quebram. Ou como os toureiros, que recuam para fugir dos chifres dos touros, sem deixar de enfrentá-los. A flexibilidade nos permite conhecer e enfrentar outras realidades, perceber de que forma elas atuam em nós e em nosso ambiente, e perceber quando devemos acolhê-las.
- Prontidão: é importante trazer para o nosso dia a dia o *slogan* dos jovens escoteiros: *sempre alerta*! A ele acrescentaria outro: *sempre pronto*! Sim, sempre pronto para o que "der e vier", mesmo que seja necessário começar de novo.
- Disponibilidade: precisamos estar inteiramente disponíveis para as mais variadas situações, sem prejulgamentos. Isso nos permite responder a elas com velocidade.
- Capacidade de improvisação: é um complemento da prontidão e da disponibilidade, imprescindível para trabalharmos com o novo e com as mudanças.
- Capacidade de diagnóstico: sem ela, não podemos determinar com clareza o que está acontecendo e o que precisa ser feito.
- Curiosidade: se você é do tipo que vive repetindo o dito popular "a curiosidade matou um gato", já está mais do

que na hora de mudar. Hoje em dia, a curiosidade pode salvar a sua vida. É por meio dela que alimentamos nossos conhecimentos, fortalecemos nosso interesse pelo mundo e pelas pessoas, mas não significa que você está livre para se meter na vida dos outros!

- Diálogo: esse item mereceria um livro à parte. Afinal, as parcerias bem-sucedidas são fruto de um processo de comunicação bem azeitado, fundamentado em honestidade, clareza e transparência. Não basta saber falar. É igualmente importante ouvir, ponderar sobre o que ouviu e responder, ou emitir sua opinião, só depois de uma reflexão isenta de prejulgamentos. Difícil? Sem dúvida. Não tenho vergonha de confessar que só nos últimos tempos aprendi de fato a dialogar, a ouvir, a tentar entender o que os outros querem dizer, admitindo que ainda tenho muito a aprender com as pessoas. Essa característica está fundamentalmente relacionada a três outros fatores — indicados a seguir — valorizados pelo mercado de trabalho.
- Bom relacionamento intrapessoal, interpessoal e transpessoal: não se trata aqui de demonstrar "como somos bonzinhos". Devemos buscar harmonia e equilíbrio interiores, que se refletirão, sem dúvida, de maneira positiva, na relação com as outras pessoas. Podemos chamar isso de "alto-astral". Com certeza você já se deparou com pessoas dotadas dessa característica e percebeu como é particularmente gostoso trabalhar com elas. Tudo fica mais leve, alegre e fácil.
- Capacidade de gerenciar a própria vida: não podemos ter a pretensão de levar adiante uma tarefa ou nos relacionar bem com os outros se não somos capazes de cuidar da nossa vida. Não me canso de repetir isso.
- Liderança: todos nós somos líderes em potencial, em determinadas circunstâncias. Se conseguimos manter

nossa vida pessoal sob controle — sendo líder de nós mesmos —, certamente temos a capacidade de liderar um grupo ou uma atividade. É preciso, no entanto, saber reconhecer quando podemos — e devemos — assumir a liderança ou quando é mais importante sermos liderados. Conheço um professor de educação física que adora fazer trilhas, mas jamais ousou caminhar sozinho ou sem a ajuda de um guia que conheça bem determinada região. Ele aceita, tranquilamente, a orientação desses guias, apesar de sua experiência. Na verdade, é exatamente essa experiência que lhe diz quando, como e por quem deve ser guiado. "Sei os riscos que posso correr se me aventurar sozinho", diz ele, que se preocupa em deixar claro quais são os seus objetivos — ou metas — antes de iniciar uma caminhada, procurando se cercar de todos os elementos que garantam o sucesso de sua empreitada. Mas o que são metas? Por que são tão importantes?

Meta: o instrumento dos sonhos

Ao alcance de nossas mãos, existe uma ferramenta muito especial, indicada para realizar sonhos e planejar missões. Não, não se trata de uma varinha de condão, se bem que é tão mágica quanto o principal instrumento das fadas. Chama-se *meta*; não é palpável, mas possibilita resultados muito concretos. Usá-la exige disciplina e respeito a algumas normas. Se desejamos fugir da frustração de sonhos não realizados ou evitar atitudes desorganizadas que não nos levam à nada, não temos outra saída a não ser aprender a trabalhar com ela. Foi o que eu fiz.

Pisando em brasas

Para minha sorte, meu professor foi um expert no assunto: o escritor Roberto Shinyashiki. Quando fui convidada a participar de uma reunião com ele no Instituto Gente, aceitei de imediato, mesmo sem saber o que aconteceria, pois há muito estava lhe devendo uma visita. Lembro-me perfeitamente daquela noite de junho. Eu estava atrasada e a primeira coisa que percebi é que, apesar de haver vários carros estacionados na porta — o que indicava a presença de algumas pessoas —, o prédio estava mergulhado em uma penumbra silenciosa. Perguntei à pessoa que me recebeu se estava muito atrasada, se já havia começado a reunião. Ela então me indicou o local para onde eu deveria ir, com poucas palavras, quase um murmúrio. Afinal, cheguei a um pátio. Ao centro, um grupo formava uma roda, de mãos dadas, em torno de uma fogueira e cantava um mantra. O primeiro pensamento, divertido, foi: "*Êpa, acho que vim parar em uma festa junina zen!*" Os momentos seguintes, no entanto, estão entre os mais sérios da minha vida. Entrei na roda e procurei me harmonizar com o grupo, mas levei um susto quando Roberto sugeriu:

— Bem, agora que estamos prontos, vamos preparar as brasas, vamos tirar os sapatos e meias e caminhar sobre elas.

"Jamais!", pensei. E comecei a buscar justificativas para não fazer o exercício proposto, como "não posso tirar os sapatos, estou vestindo meias de nylon" etc. Acabei sendo obrigada a confessar que estava com medo e me perguntava, depois de um dia tão atribulado, o que estava fazendo eu ali diante de uma proposta até então absurda.

Ouvindo o que ele dizia, entendi, primeiro, as três atitudes mais comuns que fariam com que eu certamente me queimasse ao atravessar o tapete de brasa, e, por último, a única forma de sair ilesa.

Para não me queimar, eu não poderia *correr* sobre as brasas, *parar* sobre elas ou *supervalorizar* os riscos.

Transpondo isso para o cotidiano, identifiquei uma série de situações nas quais correr, parar ou supervalorizar prejudicam a nossa vida. Para entender melhor o que estou dizendo, vamos associar a brasa a um problema ou um desafio.

Muitas vezes, diante de um problema, tudo o que queremos é acabar com ele o mais rápido possível, não importa como. Então, perdemos de vista a nossa meta de vida, e este problema passa a ser a nossa meta. Afobados e impacientes, tomamos qualquer atitude, desde que ela nos pareça suficiente para nos libertar do desconforto. Isso me faz lembrar um jogo de futebol: quando um atacante ameaça o gol adversário, a defesa corre para tirar a bola da pequena área de qualquer jeito: chuta em qualquer direção, sem ver a posição dos outros jogadores no campo, mas essa tática pode provocar, inesperadamente, um gol contra!

Outras vezes nos esquecemos das nossas metas a fim de olhar fixamente para a situação que nos impede de atingi-las. Paramos, sem ação, porque acreditamos que ainda não sabemos como ultrapassar esse obstáculo. A essa altura, "nosso pé já queimou"! E quantas vezes supervalorizamos de tal forma os riscos e as ameaças que não agimos, e acabamos pagando um preço alto por nossa inércia?

Qual seria, então, a única forma de pisar nas brasas e não se queimar?

Estar imbuído da sua meta, olhar diretamente para ela e avançar com confiança. Se olharmos somente os problemas (a brasa), não atingiremos nosso objetivo, que é a única coisa que importa. Eu me concentrei e, quando vi, já havia atravessado o caminho de brasas, e sem queimar os pés, o que é mais importante. Ficou claro para mim que esse tipo de recomendação — olhar diretamente para sua meta e avançar com confiança e de maneira concentrada — valia para qualquer situação de vida.

Dez dias em silêncio

Associo essa experiência a outra, igualmente importante, vivida algum tempo antes. Durante uma viagem de estudos aos Estados Unidos, um amigo americano me recomendou um período de meditação Vipassana em um mosteiro localizado em Red Stone, Colorado (EUA). Eu sabia que ficaria em retiro, mas desconhecia as regras do mosteiro. Assim que cheguei, fui surpreendida com uma situação inusitada: eu deveria assinar um documento no qual dizia que não poderia ir embora no meio do processo mesmo se eu quisesse! Era preciso concordar previamente com isso. Concordei. Em seguida, fui informada das outras regras: deveria observar silêncio absoluto, comer apenas uma vez por dia os alimentos naturais preparados ali mesmo e me manter em meditação. Nem mesmo podia me olhar no espelho! O que se pretendia com isso era afastar todos os apelos externos e fazer com que os participantes voltassem a atenção para dentro de si mesmos, estabelecendo um contato estreito com o seu eu mais profundo. Foram os dez dias mais difíceis de minha vida. Por quê? Eu era uma pessoa naturalmente extrovertida e ansiosa, falava "mais do que a boca", e capaz de pensar cinco coisas diferentes e fazer três, tudo ao mesmo tempo. Se me dissessem, algum tempo antes, que eu me submeteria a esse tipo de regra, teria dado uma boa gargalhada e garantiria que não seria capaz de viver assim nem por um segundo.

Não só fui capaz, como saí do mosteiro completamente diferente. Eu havia encontrado um porto seguro dentro de mim, um refúgio só meu, um posto de abastecimento de energia vital inesgotável. O meu nível de consciência se ampliou e mudei o modo de sentir, de respirar, de comer... mudei a forma de ver o mundo. Eu havia estabelecido uma meta e a cumpri, enfrentando diversos desafios.

Algum tempo depois, quase sem pensar, deixei de usar relógio, mas esse gesto banal revelou-se dotado de um importante significado, fruto da minha experiência com a meditação Vipassana. Eu havia compreendido o meu ritmo interno, conseguira adequá-lo as minhas atividades e adquirira uma noção completamente nova do tempo. Paralelamente, passei a levar na bolsa uma pequena bússola. Ela me dá a sensação de firmeza de propósito e de que sempre vou chegar ao meu destino, além de ser um instrumento simbólico que mantém minha visão voltada para a minha missão e a minha meta. Pensando na bússola, imagino o norte — para onde sempre aponta a sua agulha — como sendo a minha meta ou missão. Posso perder tudo, e ainda assim ter muito, se me mantiver voltada para essa direção. Quem tem um *norte*, tem uma *missão*, acredito eu. Ao contrário, quem não tem uma missão ou clareza de sua meta está *desnorteado, sem norte, sem rumo*.

Estabelecendo metas

A meu ver, nada é por acaso nesta vida. Um tempo depois participei de outro processo, muito especial. Uma imersão de nove dias e nove noites sobre empreendedorismo, idealizada pela consultora americana Marina Fanning, apoiada pela ONU e realizada pelo Sebrae, chamada Empretec. Por meio dessas três experiências — o pisar na brasa, a meditação do Vipassana e o Empretec — constatei, na prática, a importância de realizarmos nossas missões pessoais e coletivas a partir de metas claramente definidas e — isto é muito importante — atingíveis.

Com frequência, nos deixamos levar por nossos sonhos e imaginamos — ou desejamos — metas lindas e perfeitas, sem dúvida, mas impossíveis de serem alcançadas. Isso me faz lembrar o estratagema usado por homens do campo para estimular seus cavalos ou mulas a trotarem mais rapidamente: fazer com que os animais vejam, a sua frente, uma bela e inacessível cenoura! O cavalo corre para tentar chegar ao alimento desejado, mas jamais consegue. Essa é uma meta impossível, como tantas a que a gente se propõe.

Vamos cair na real antes de descobrir que estamos colecionando quilos de "cenouras" que jamais serão saboreadas! A fórmula para se estabelecer metas não é complicada, mas exige que você tenha os "ingredientes" certos — a começar pela consciência de sua missão e pelo respeito a cinco especificações que determinam a viabilidade do que pretende. Essas especificações podem ser explicadas — e facilmente lembradas — por intermédio da palavra inglesa SMART, que significa esperto, e forma um acróstico com as cinco características que a meta deve ter:

Specific = ser específica
Measurable = ser mensurável
Attainable = ser atingível
Relevant = ser relevante
Tangible = ser tangível

Depois de termos certeza de que a nossa meta é específica, mensurável, atingível, relevante e tangível, precisamos estabelecer uma data para atingi-la. Com frequência, determinamos um prazo irreal, impossível de ser atendido. Recomenda-se, por isso, elaborar metas:

- a curto prazo;
- a médio prazo;
- e a longo prazo.

Esse escalonamento nos permite fazer revisões frequentes de nossas metas e mudanças de rumo sempre que for necessário, com grande economia de energia. Nossos esforços são aplicados em etapas, em um crescendo que nos levará a atingir o nosso objetivo.

Só depois de terminar uma etapa é possível passar para a seguinte. Assim é também em nossa vida prática. A produção de ideias ou objetos depende de talentos, conhecimentos e habilidades que muitas vezes não temos; ou vamos em busca desses conhecimentos ou recorremos a pessoas que já os detêm, estabelecendo uma cadeia que é a base das relações sociais, profissionais, econômicas ou comerciais. É importantíssimo que esse movimento de *aprendizado* e de *cooperação* seja um *valor* e faça parte do nosso *estilo de vida* — se esse estilo for harmoniosamente alinhado com nossa missão pessoal e coletiva, poderemos atingir nossas metas e a plenitude de nossas realizações.

É sempre muito enriquecedor quando podemos ver como tudo isso acontece na prática. Estive há pouco tempo fazendo um trabalho motivacional para uma franquia de uma escola de informática. Essa área tem sido uma das maiores garantias de sucesso financeiro nos últimos tempos. Mas o crescimento desse grupo no ano anterior caiu sem justificativa aparente apesar de o mercado estar favorável.

Havia escolas que não sentiam o problema. Muito pelo contrário, o nível de crescimento estava como previsto e esses franqueados já estavam abrindo uma segunda unidade. Porém, as escolas que estavam indo mal desequilibravam o resultado do negócio como um todo. Em uma reunião, perguntei a vários deles por que haviam escolhido esse negócio para investir e, mais do que depressa, um franqueado, cuja escola não estava indo muito bem, me respondeu com toda convicção:

— Porque é rentável.

— Você gosta de informática? — perguntei.

— Para mim tanto faz.

— Como é sua relação com a utilização de computadores?

— Sou um usuário. Faço o trivial. Um pouco mais que uma máquina de escrever.

— Você já fez algum curso em sua escola?

— Não.

— Pretende fazer?

— Não tenho tempo.

Pergunto a você, leitor: Onde está a paixão? A meta? O tesão? Como diz Roberto Freire, "sem tesão não há solução".

Às vezes, as pessoas nem percebem, mas elas mesmas saem por si só do mercado de trabalho, vão se descartando, e começam a se descartar da vida. Você deve estar se perguntando: Por quê?

Porque acabou a paixão, acabou o brilho nos olhos, não existe uma meta de vida estabelecida.

Essa é a hora de mudar, porque a vida é movimento, é constante crescimento e aprendizado. Tudo lhe proporcionará autoconhecimento: identificar seus talentos, suas competências, suas habilidades, sua missão, sua meta de vida. É isso que garante a felicidade, a motivação e a realização.

Feliz é quem acorda agradecendo a vida porque vai ter mais um dia de oportunidade para aproximar-se de sua meta. Feliz é quem encontra relevância no que faz e se orgulha do caminho que escolheu.

O dramaturgo George Bernard Shaw disse: "Homens razoáveis se adaptam ao mundo. Homens não razoáveis adaptam o mundo a si. Por isso todo progresso depende desses últimos."

Reconhecendo talento, competências e habilidades

Tudo isso me faz lembrar um encontro que tive outro dia. Estava saindo de uma reunião com uma amiga executiva de uma empresa. Ela estava muito abatida, pois seu marido, também executivo, estava desempregado havia oito meses. Coincidentemente, no estacionamento, cruzei com ele:

— Oi, Roberto, como está? Ainda de férias?

— Não brinca, Leila, as coisas estão difíceis, acho que o problema é a idade.

— Você sabe inglês?

— Sim.

— Você sabe espanhol?

— Sim.

— Você sabe vender?

— Trabalhei a vida inteira na área comercial.

— Você é digital?

— Como?

— Já sei que não é. Como é sua relação com a informática?

— Sou um usuário.

— Sabe, acredito que o nosso futuro profissional vai depender cada vez mais da nossa capacidade de entender o universo das conexões tecnológicas. Se você ainda não está nesta trilha, é hora de começar. Existem alguns cursos muito bons por aí, até mesmo na internet você encontra.

— Ah, é? — respondeu ele meio desanimado.

— Bem, mas não importa. Acho que suas férias acabaram! Você sabe o que você quer fazer?

— Leila, eu quero trabalhar. Não estou na posição de ficar escolhendo.

— Mas assim não vai funcionar. Você recebeu um bom dinheiro de fundo, trabalhou sempre em boas empresas, fez vários cursos, tem experiência, aprendeu muito, está tendo a oportunidade de parar e poder rever a sua vida e ver o que realmente quer fazer daqui para frente, nesta segunda etapa da vida. E você só sabe dizer "quero trabalhar".

— Mas o que você quer que eu diga?

— Sabe, o mundo está repleto de oportunidades, mas se você não sabe claramente o que quer, as oportunidades podem estar do seu lado, e você não as vê. Vou passar para você um e-mail com uma série de endereços eletrônicos que têm mais de mil empregos e oportunidades de negócios em todo o mundo. Por isso que lhe falei, você precisa saber bem o que quer senão vai ficar atolado nas oportunidades, é como morrer afogado na praia. Quando se sabe o que se quer, cria-se um magnetismo e tudo começa a acontecer. Hoje, mais do que nunca, você precisa saber o que quer, qual é sua missão, seus talentos, suas competências, suas habilidades. Que sentido tem para você a sua vida hoje. Porque coisas a fazer existem, e muitas. E outra coisa: cuide para sempre estar com sua autoestima lá em cima. Em uma entrevista de emprego, e na maioria dos acontecimentos sociais, a primeira impressão é a que fica e o que importa na realidade é o seu carisma, a sua energia, porque competente você sabe que é. Lembra quando na sua primeira entrevista profissional o entrevistador finalmente perguntou por que você queria trabalhar naquela empresa e você respondeu "porque, se ela não existisse, eu com certeza a criaria, pois isso é tudo que eu gosto e quero fazer em minha vida"?

— É, você tem razão, naquele tempo eu sabia o que queria. Eu tinha um fôlego, uma motivação... mas agora... está difícil.

— Roberto, você precisa sentar-se e fazer com você o que fazia nas empresas em que trabalhava. Um planejamento estratégico de como se administrar no mercado de trabalho, como ser um produto desejado. Mas, para isso, você tem que saber quem você é hoje, o que você quer, para poder saber o que realmente vai oferecer e o que vai procurar no mercado. Mas não se esqueça de levar em consideração o que o mercado está querendo atualmente. Estabeleça suas metas, identifique suas competências, suas habilidades e seus talentos. Permita-se as oportunidades da vida!

Capítulo 5
Os novos valores

Vai, amigo, não há perigo que hoje possa assustar.
Não se iluda, pois nada muda se você não mudar.
Leve na sacola a viola e esqueça o que puder
E cuide para não sofrer.
Parte de uma canção de Edson Hiroshi

Conheço várias pessoas que percorreram o Caminho de Santiago, na Espanha. E para todas elas, pergunto, assim que chegam:

O que foi que mais valeu a pena nessa viagem? O que foi que mais mexeu com você? O que foi que fez mais sentido?

E já me acostumei a ouvi-las responder:

Aprendi que tudo o que a gente precisa na vida cabe em uma mochila!

E que mochila é essa? O que contém? Sem medo de me enganar, respondo: ela leva nossos valores, aquilo em que acreditamos e sem o qual não podemos viver. Não há como desassociar o que somos e o que acreditamos da forma como vivemos e trabalhamos. Mesmo que não tenhamos clareza das nossas crenças, elas existem e conduzem nossa vida.

Poucos assuntos têm sido mais discutidos atualmente do que os valores que permeiam as sociedades contemporâneas. Uma ONG das Nações Unidas chegou a discutir isso — a Universidade Espiritual Mundial Brahma Kumaris —, e apontou os 12 valores superiores e fundamentais para o bem-estar da Humanidade: amor, cooperação, felicidade, honestidade, humildade, liberdade, paz, respeito, responsabilidade, simplicidade, tolerância e unidade. A esses valores acrescentaria quatro outros que certamente levaria em minha mochila simbólica. Com eles, seria capaz de enfrentar qualquer caminhada e atravessar, sem medo, um mar de turbulências.

Em minha mochila, levaria a consciência (autoconhecimento), a ética, a gratidão e o bom humor. Se você pensar bem, verá que eles estão embutidos nos valores citados pela Universidade Brahma Kumaris.

Consciência

Devemos entender *consciência* como um processo de conhecimento, opção e ação, que implica aprimoramento e aprendizagem contínuos, pois, como dizia o escritor Richard Bach, somos todos "aprendizes, fazedores e professores".

Hoje, exige-se de todos nós uma consciência maior do que somos e do que acreditamos. Não interessa a ninguém — seja pessoa física ou jurídica — se relacionar (pessoal, profissional ou comercialmente) com alguém que não tenha consciência do que é e do que pode, e que, portanto, não tem condições de assumir compromissos. Se não sei *quem sou* ou *o que sou capaz* de fazer — em quanto tempo, como e com qual resultado —, corro o risco de não encontrar parceiros.

Mais uma vez fica clara a importância do autoconhecimento como uma forma de aprendizado constante. Sim, mais do que me reciclar, estudando novos métodos ou instrumentos de trabalho, preciso me manter atualizado sobre mim mesmo, ficando atento às naturais mudanças de comportamento, aos sonhos e aos desejos. Assim como não é recomendável dirigir por uma estrada, mesmo familiar, de olhos fechados — podemos ser surpreendidos, por exemplo, por uma barreira caída alguns dias atrás —, não devemos acreditar que já nos conhecemos o suficiente. Nenhum universo é maior ou mais surpreendente do que nós mesmos. Cabe a você explorá-lo. Garanto que será uma aventura e tanto!

Ética

Sei quem sou e me respeito. Essa consciência de mim mesmo resulta, inevitavelmente, em uma consciência maior do outro e em um comportamento definido pela ética.

Se quero ser ouvido, consultado, aceito, reconhecido e, antes de mais nada, ouvir, consultar, aceitar e reconhecer o outro. Essa é a base do diálogo e das parcerias bem-sucedidas. Se estou efetivamente determinado a conseguir melhor qualidade de vida para mim e para aqueles que eu amo, certamente terei um comportamento ético — de respeito — frente ao mundo em que vivemos e ao seus habitantes. Nesse sentido, a ética se associa à cidadania.

Eu acredito que brevemente viveremos em um mundo sem regras, mas com muita ética — as regras não serão necessárias se soubermos agir com respeito e amor. Não, não estou defendendo o caos, apenas constatando uma tendência. Por exemplo, conheço empresas que não têm uma política formal antitabagista, porque acham que as pessoas que fumam já estão conscientes de que o tabagismo pode afetar seriamente a saúde até mesmo de quem não tem esse hábito. Elas sabem quando, como e onde fumar.

A médio prazo, estou segura, as regras cairão e serão substituídas por um mundo verdadeiramente ético. Einstein tinha razão quando dizia que seguia apenas duas regras:

1ª Não tenho regra nenhuma.
2ª O que você pensa de mim é da sua conta e não da minha.

Seguindo essas duas únicas regras, teremos um mundo com pessoas mais verdadeiras, autênticas, espontâneas e felizes.

Gratidão

Um mestre me ensinou os benefícios de demonstrar minha gratidão por tudo o que me acontece na vida. Exercitei essa técnica durante 21 dias, que, de acordo com alguns especialistas, é o tempo que o cérebro necessita para incorporar, aprender e mudar atitudes, comportamentos e visão de mundo. A cada situação, boa ou má, fácil ou difícil, eu dizia *obrigada*, em voz alta ou baixa, dependendo das circunstâncias.

Esse ensinamento mudou minha vida. Passei a entender tudo como oportunidades e não como ameaças. Percebi, que atrás de nossas perdas estão ganhos e lições de valor incalculável, que nossas frustrações e decepções propiciam crescimento, e que as pessoas que mais nos prejudicam são nossos melhores mestres. Por isso, diante de cada situação devemos sempre perguntar: *o que tenho de aprender com isso?* E, assim que você descobre, desvendando o segredo de um fantasma simbólico, esse fantasma desaparece e não há mais mistério ou ameaça. Nesse sentido, é importante lembrar a máxima:

Que eu mude tudo o que pode ser mudado, que eu compreenda e aceite o que não pode ser mudado, e que eu saiba distinguir o que pode ser mudado do que não pode.

Se, diante de uma situação desagradável, você assumir a postura de agradecimento, vai aprender a aceitar, a se desprender, a mudar — sem sofrimento. Dizem que os dinossauros desapareceram da face da Terra porque não se adaptaram às mudanças. E se você não é um dinossauro, está na hora de mudar e dizer *obrigado* pelas turbulências.

Rir é um santo remédio

Em um hospital dos Estados Unidos, foi feita uma experiência inusitada e bastante esclarecedora: tiras de esparadrapo foram coladas nos rostos dos pacientes de tal forma que simulavam um sorriso constante. Após algum tempo, os pacientes mostraram sinais visíveis de melhora... Coincidência? De jeito nenhum. O que ocorre é que a musculatura facial, quando está em posição de riso, libera hormônios importantes para a recuperação dos doentes e para o bem-estar das pessoas em geral. O não riso — ao contrário — é capaz de fazer com que uma pessoa se sinta pior do que realmente está: quando estamos cansados, estressados ou adoentados, a primeira capacidade que perdemos é a de rir. O máximo que conseguimos é um daqueles "risos amarelos", a contragosto. Diante disso, não há como duvidar: quem vive de "cara amarrada" tem muito mais chance de ficar doente.

Quando rimos, movimentamos mais de 400 músculos em todo o nosso organismo, oxigenamos os pulmões, estimulamos a circulação sanguínea. Os cientistas dizem que cinco minutos de risada equivalem a 45 minutos de ginástica aeróbica. O conhecimento desse fato já deveria ser suficiente para nos fazer rir com mais frequência. Mas não é o que acontece: o adulto alegre não ri mais do que cem vezes por dia — três vezes a menos do que uma criança de até seis anos de idade — e aqueles que não acham muita graça na vida não ultrapassam 15 risadas por dia. Que tal resgatar a criança que há dentro de você e, de quebra, tornar-se um ser humano mais saudável e feliz? Isso não vai lhe custar um tostão e pode ser o remédio mais saboroso e eficaz que já tomou em sua vida.

Os dez benefícios do riso

1. Aumenta o *rapport*, fortifica os relacionamentos, ajuda a superar as barreiras da comunicação

O humor geralmente cria espaço para a colaboração. As diferenças entre membros de uma equipe, gerentes e assistentes podem ser reduzidas quando eles acham um ponto em comum. Em uma grande empresa, os 14 membros de uma equipe de trabalho introduziram um hábito fora do comum: estabeleceram a "meia hora da piada", sempre após o almoço. No começo, os gerentes acharam que aquilo não passava de comportamento "antiprofissional", mas quando perceberam que o grupo trabalhava melhor e que os atrasos após o almoço terminaram, aderiram satisfeitos à moda. Em pouco tempo, a coesão e a produtividade aumentaram.

2. Diminui as chances de demissão

Pessoas que trabalham em um ambiente positivo, que permite o humor, têm maior tendência de permanecer no emprego e manter relacionamentos. O humor também é o segredo de muitos casamentos bem-sucedidos.

3. Aumenta a produtividade

Está mais que provado que as pessoas que gostam do que fazem, do ambiente em que trabalham e dos colegas de equipe, produzem mais e melhor.

4. Impulsiona a criatividade

As pessoas bem-humoradas "dão cor às coisas", não têm medo de parecer bobas de vez em quando, arriscam-se, veem tudo sob um prisma mais alegre. São, por isso, indicadas para resolver problemas. Com certeza encontram soluções muitas vezes impensadas pelos outros.

5. Ajuda a controlar o estresse

Por várias razões, o humor reduz a pressão do perfeccionismo e permite um alívio físico das tensões. É uma válvula de escape muito eficiente.

6. É um ótimo exercício para o sistema cardiovascular

Uma boa gargalhada aumenta o nível de respiração, a pressão do sangue e o funcionamento do músculo cardíaco. Quando cessa, tudo volta ao normal. Boas gargalhadas durante o dia permitem esse exercício do sistema cardiovascular.

7. Estimula os órgãos internos

Uma boa risada é uma ótima massagem nos órgãos internos, ajudando-os a trabalhar melhor. Pode auxiliar, inclusive, o funcionamento dos intestinos. A propósito, você sabe o que significa *enfezado*? Mais do que zangado ou irado, o termo indica alguém *cheio de fezes*!

8. Estimula o sistema de imunidade

Quando o sistema de defesa do nosso organismo está forte, temos menores chances de pegar resfriados, gripes etc. Tornamo-nos mais saudáveis. Como resultado, aproveitamos melhor a vida e realizamos nosso trabalho de maneira satisfatória.

9. Suaviza a dor

Gargalhadas liberam endorfinas!

10. Além de tudo isso, é divertido!

Graças ao humor, somos mais felizes, saudáveis, criativos, produtivos e fáceis de se relacionar.

Capítulo 6

Os novos desafios

Na nave espacial Terra não há mais lugares para passageiros, só para tripulantes.
Marshall McLuhan

McLuhan, teórico da literatura e da comunicação, reforça uma crença atualmente defendida por milhões de pessoas: somos responsáveis diretos pelo bom funcionamento dessa "nave espacial" bela e complexa chamada Terra. Não podemos mais ir de carona ou observar, distraídos, a paisagem. Nossas atitudes — e só elas — garantem o rumo certo, a viagem sem turbulências e a realização da *missão* da raça humana, que é, do meu ponto de vista, ser guardiã da vida do planeta Terra.

Perceba que não escrevi "guardiã da vida *no* planeta Terra" e sim "guardiã da vida *do* planeta Terra", pois acredito que nosso mundo não é apenas o *habitat* de seres vivos: ele é, por si só, um organismo vivo. Podemos — e devemos — dividir a responsabilidade pela manutenção e direção dessa nave constituída de água, terra, vegetação e minerais com outros tripulantes, mas não podemos nos eximir ou fazer de conta que não temos nada a ver com ela. Temos, sim!

E o que significa essa responsabilidade? Significa que precisamos dedicar à Terra e aos elementos que a compõem a mesma atenção, o cuidado, o carinho, o amor e o respeito que dedicamos aos nossos pais, filhos e amigos. Significa, ainda, que devemos nos tratar da mesma forma. Se admitimos que somos parte de um todo vivo em constante mutação, fica mais fácil entender e aceitar as transformações internas e externas necessárias à manutenção e ao desenvolvimento da vida e da humanidade. Isto é imperativo! Afinal, quer gostemos ou não, já foi dada a largada para uma grande e transformadora viagem do mundo em que vivemos. Só nos restam duas escolhas: ou vamos de carona, ao sabor dos ventos, ou escolhemos o caminho que devemos seguir. No primeiro caso, somos "vítimas" de um processo de transformação que não dominamos. Mas no segundo, somos agentes da transformação — portanto, podemos utilizá-la mais facilmente a nosso favor e em benefício da comunidade.

Um brevê de vida

O primeiro passo para se tirar um "brevê de vida" é entrar em contato estreito com o "tripulante" — você —, em um processo de autoconhecimento essencial aos novos tempos. Isso significa:

- preparar-se para enfrentar os *desafios* inerentes a qualquer tipo de viagem, fazendo um levantamento cuidadoso das condições de voo;
- ter clareza de aonde pretende chegar. Ou seja, conhecer seu *talento* e sua *missão*;
- e saber quais as *competências* que possui e as *habilidades* que precisa adquirir, levando em conta que você é um ser *humano integral*.

Se estivesse diante de uma plateia, nesse momento eu ouviria suspiros mais ou menos desanimados de algumas pessoas e, talvez, uma delas vencesse a timidez e dissesse: "Mas isso é impossível! Nem sei o que vou querer fazer amanhã, como saber qual é a minha missão? Uma missão me parece grande demais para alguém como eu. Tudo o que eu quero é sobreviver com dignidade! E as condições de voo? Eu precisaria me dedicar a anos de estudo para entender só uma pequena parte do que está acontecendo no mundo de hoje!"

Reafirmo o que já disse: é impossível abarcar todos os conhecimentos tecnológicos disponíveis, mas é possível e aconselhável aprofundar o conhecimento do nosso eu interior e aceitar os *desafios* que se colocam diante de nós. Não se trata de saber "o que vamos fazer amanhã". Trata-se, isso sim, de saber o que desejamos realizar, dentro de que ambiente vamos nos movimentar, quais as linhas de ação que preferimos e os valores que queremos respeitar. Se houver coerência entre pensamento, emoção e ação, não tem erro: quando o amanhã chegar, faremos o que tiver de ser feito e os desafios deixarão de ser entendidos como obstáculos intransponíveis ou uma "pedra em nosso sapato" para representarem uma oportunidade imperdível de testar nossa força e crescer.

Vamos fazer um teste simples, quase uma brincadeira. Marque um "x" na resposta que corresponder mais de perto à sua atitude.

Como você reage aos *desafios*?

( ) Torce o nariz e cruza os braços.
( ) Faz de conta que não existem.
( ) Admite que existem, a contragosto.
( ) Adia o momento de enfrentá-los.
( ) Afirma que não tem nada com isso e...
( ) ... que quem os criou deve encará-los.

( ) Marca uma reunião para discutir o assunto...
( ) ... mas não resolve nada.
( ) Sente-se estimulado.

Sem medo de errar, eu diria que muita gente se enquadra nas oito primeiras alternativas e associa desafio a aborrecimento ou problema. Só de pensar no assunto fica cansada, mas não se dá conta de que, mesmo sem perceber, enfrenta isso o tempo todo, porque...

... viver é um desafio!

Ou como costumo dizer com frequência: "A vida não é um ensaio, mas uma contínua estreia."

E como toda estreia, provoca frio na barriga, nervosismo e ansiedade. Ninguém — por mais esforço que faça — consegue escapar ou adiar as "estreias" inerentes à vida humana. Não importa o lugar onde se vive ou o estilo de vida que se pratique. Todos somos obrigados a enfrentar o desafio de nos manter vivos, nos alimentar adequadamente, nos abrigar. Uma doença é um desafio, mas a saúde plena também é — precisamos dedicar especial atenção para mantê-la!

Outras pessoas, no entanto, adoram ser desafiadas. São capazes até mesmo de procurar situações difíceis que as estimulem. Eu diria que são "viciadas em adrenalina"! Pulam de paraquedas, descem corredeiras, não se importam de passar horas tentando resolver um problema. Quanto mais difícil, melhor.

Mas nem oito nem oitenta! O que quero dizer é que a não aceitação de uma realidade naturalmente desafiadora ou a apatia diante dessa mesma realidade são atitudes tão infrutíferas quanto a busca incessante por situações ameaçadoras. Como sempre, a melhor saída é o equilibrado caminho do meio e estar disponível para lidar com os desafios quando eles aparecem e, ainda:

- avaliar suas causas e seus riscos;
- perguntar-se: "o que tenho de aprender com eles, o que eles podem me ensinar?";
- determinar o que deve fazer para superá-los;
- não ter medo deles;
- e aceitá-los como um fator de estímulo, natural, a temperar sua existência.

Isso é verdade tanto para os desafios profissionais quanto para os pessoais.

E qual é o nosso maior desafio?

Acredito que o primeiro e mais importante desafio do ser humano atual é descobrir como vencer o jogo da vida. A tarefa é difícil, sem dúvida, mas não impossível. Basta seguir algumas regras e dicas básicas. Vamos a elas?

As dez regras do jogo da vida

Nada é por acaso. Certa vez, nos Estados Unidos, estava folheando um jornal de bairro quando me deparei com um artigo muito simples, falando sobre o jogo da vida. Respondia ao que eu queria naquele momento, tanto que pensei: "O mestre aparece quando o discípulo está pronto!" Resumindo, esse artigo dizia que se a vida é um jogo, como tanta gente diz, é importante conhecer bem as regras para garantir a vitória e não ser eliminado sem nem mesmo saber por quê. Gostaria de compartilhar essas regras com você.

Regra 1: Você vai receber um corpo

Você pode amá-lo ou odiá-lo, mas ele será seu por toda a duração da sua vida na Terra.

Atitudes que o ajudarão a ganhar o jogo: aceitação, autoestima, respeito e prazer.

Regra 2: Você será presenteado com lições

Você está matriculado em uma escola informal de período integral chamada VIDA. Diariamente terá a oportunidade de aprender lições. Você pode gostar delas ou odiá-las, mas elas farão parte do seu currículo.

Atitudes que o ajudarão a ganhar o jogo: "abertura", escolha, justiça e benevolência.

Regra 3: Não há erros, apenas lições

O crescimento é um processo de experimentação, uma série de tentativas, erros e vitórias ocasionais. Tanto as tentativas fracassadas quanto as bem-sucedidas fazem parte do processo.

Atitudes que o ajudarão a ganhar o jogo: compaixão, perdão, ética e humor.

Regra 4: Lições são repetidas até que sejam aprendidas

As lições serão repetidas de várias formas até que você tenha aprendido. Quando você aprender, pode ir para a próxima lição.

Atitudes que o ajudarão a ganhar o jogo: atenção, casualidade, paciência e espontaneidade.

Regra 5: Aprendizagem nunca acaba

Não há parte da vida que não contenha lições. Se você está vivo, há lições a serem aprendidas.

Atitudes que o ajudarão a ganhar o jogo: rendição, compromisso, humildade e flexibilidade.

Regra 6: Lá não é melhor que aqui

Quando o lá se tornar o seu aqui, você vai simplesmente obter outro lá que vai lhe parecer melhor do que o seu presente aqui.

Atitudes que o ajudarão a ganhar o jogo: gratidão, desapego, abundância e paz.

Regra 7: Os outros são simplesmente espelhos de você

Você não ama ou odeia alguma coisa em alguém a não ser que reflita algo que você ame ou odeie em você mesmo.

Atitudes que o ajudarão a ganhar o jogo: tolerância, clareza, cura e amparo.

Regra 8: Você faz o que quiser da sua vida

Você tem todos os recursos e ferramentas de que precisa. Você decide o que fazer com eles.

Atitudes que o ajudarão a ganhar o jogo: responsabilidade, coragem, poder, aventura e liberação.

Regra 9: Todas as suas respostas estão dentro de você

Tudo o que precisa fazer é olhar, ouvir e acreditar.

Atitudes que o ajudarão a ganhar o jogo: ouvir, confiar, inspirar-se e intuir.

Regra 10: Você vai se esquecer de tudo no nascimento

Você pode lembrar-se, se quiser.

Atitudes que o ajudarão a ganhar o jogo: fé, sabedoria e "ilimitar-se".

Os propósitos da natureza e dos seres humanos

Vale a pena observarmos a natureza:

- A grama não se esforça para crescer, apenas cresce.
- O peixe não tenta nadar, apenas nada.
- As flores não lutam para abrir, apenas desabrocham.
- Os pássaros não tentam voar, apenas voam.

Crescer, nadar, desabrochar e voar fazem parte da natureza intrínseca da grama, do peixe, das flores e dos pássaros. Mas vamos além:

- A Terra não faz qualquer esforço para girar em torno do seu eixo ou do Sol, que, por sua vez, brilha e aquece intensamente. Isso faz parte de sua natureza, também.
- As estrelas piscam e reluzem, naturalmente — e não poderiam fazer outra coisa.
- E o estado de graça não parece próprio dos bebês?

Aqui vale lembrar uma frase divertida: o bebê é careca, banguela, analfabeto e desempregado, mas está sempre sorrindo. Por quê? A resposta, séria, é porque neste momento da vida basta estar aquecido, alimentado, ser amado e cuidado, e isso também é absolutamente natural! E a ele ainda não foi agregada outra característica inerente ao ser humano: sonhar e materializar seus sonhos.

Essa reflexão certamente nos levará a concluir que o nosso propósito de vida é — além de viver, simplesmente, como os bebês — materializar os nossos sonhos. Mas isso nem sempre nos parece fácil. Vamos observar mais uma vez a natureza, que é pródiga em ensinamentos. Uma semente, por exemplo, traz dentro de si a promessa de muitas florestas, mas não pode ser guardada, preservada, isolada. Precisa doar a sua capacidade intrínseca de gerar ao solo fértil para ser e realizar o seu sonho ou propósito. Da mesma forma, o ser humano: ele também deve doar a sua inegável capacidade de gerar e criar, trocando experiências e conhecimentos, para se transformar em uma "árvore" — no meio de um belo bosque — que dá frutos, sombra e tranquilidade, concretizando um ou vários sonhos e realizando o seu propósito.

A vida é um mar de oportunidades. Cabe a você decidir se vai viver todas ou apenas uma delas — o que seria muito pouco, você há de concordar! Afinal, ter uma chance de ouro como a de nascer e não aproveitar me parece um grande desperdício, uma condenação à morte precoce. Principalmente nos dias de hoje, em que a expectativa de vida aumentou: vivemos mais tempo e somos assediados por uma gama muito maior de oportunidades. Isso me faz pensar, às vezes, que conseguimos reencarnar sem morrer a cada nova oportunidade que surge, em um renascimento ou recomeçar constante, como na música de Ivan Lins e Vítor Martins, sucesso na década de 1970:

Começar de novo e contar comigo, vai valer a pena ter amanhecido...

No entanto, só podemos viver todas as oportunidades que a vida nos traz quando estamos de mãos vazias e coração aberto, ou seja, disponíveis para elas. Como podemos abraçar o novo se nossos braços ainda envolvem o velho? Nossos pulmões, por exemplo, só se enchem de ar novo, fresco, depois de expelir o ar usado, tóxico. O oxigênio ativa nosso metabolismo, mantém o fluxo sanguíneo vital, da mesma forma que um rio — para continuar a ser um rio — precisa manter o seu fluxo contínuo. Se ele for represado, se transforma, vira um lago, com outra natureza e outro propósito. Se estagnamos, morremos para a constante revolução que é a vida e perdemos de vista nosso propósito primeiro e todos os outros que são consequência: aquisição de conhecimento, aprendizagem, sabedoria, experiência e felicidade. Como diz o consultor chileno Guillermo Vildoso, quando as pessoas, encantadas com sua sabedoria, lhe perguntam como chegou a ser assim, ele simplesmente responde: "Sou apenas um dos reflexos do seu eu. Sou apenas um discípulo da vida."

Epílogo

Se não fosse a tenacidade e a esperança de alguns sonhadores — que podemos chamar também de empreendedores —, a humanidade talvez estivesse séculos atrasada. Para o homem da Idade Média, por exemplo, o mundo era chato, os horizontes eram pequenos e a ideia de atravessar longas distâncias por via aérea era apenas tema de contos fantásticos ou delírio de dois ou três "pensadores loucos". No entanto, basta um exame rápido na história do homem e de suas conquistas para ver que o sonho está por trás de todos os empreendimentos de sucesso. Vasco da Gama seguiu um sonho, Santos Dumont e Einstein fizeram o mesmo — e estou citando apenas três em uma lista interminável de nomes!

Mas você deve estar pensando: "Por que falar em sonhos agora, quase no final do livro?"

Hoje em dia, muito mais do que títulos acadêmicos e outras características pessoais, as empresas buscam pessoas empreendedoras, capazes de sonhar e de transformar seus sonhos em realidade. São os sonhos que movem o mundo! Entretanto, muitas vezes é exigido de nós um esforço hercúleo para concretizá-los, com base na crença e no conhecimento de onde se quer chegar, capitalizando as frustrações em aprendizado. Isso quer dizer estabelecer sua missão pessoal, identificar e colocar em ação seus talentos, competências e habilidades. Significa romper os limites do que é possível. Não existe impossível para quem tem claro seus objetivos de vida, se planeja e se capacita para atingi-los.

Todos nós somos campeões

Alguns anos atrás, nas Olimpíadas Especiais de Seattle (EUA) para deficientes físicos e mentais, nove participantes se alinharam para a largada da corrida dos 100 metros rasos. Quando foi dado o sinal iniciando a prova, todos partiram: não exatamente em disparada, mas com visível vontade de dar o melhor de si, terminar a corrida e, se possível, vencer. Um garoto, no entanto, tropeçou na pista, caiu e começou a chorar. Os outros oito ouviram o choro, diminuíram o passo, olharam para trás, se viraram e voltaram. Foi um ato inusitado, mas a grande surpresa ainda estava por vir: após erguerem o menino, todos os competidores deram os braços e, juntos, caminharam até a linha de chegada. Quem venceu? TODOS!

Cada um daqueles meninos tinha uma meta: alcançar a linha de chegada. Todos queriam vencer. Mas, com extraordinária sabedoria, eles demonstraram para a plateia de pessoas sadias — que, frequentemente, se digladiam para atingir suas metas — que não adianta ganhar sozinho: o que importa é ajudar os outros a vencer, mesmo que isso signifique diminuir o passo e mudar o curso. A competência, no caso, não está em competir, mas, sim, em compartilhar forças.

É exatamente essa união de objetivos e esforços que torna possível a vitória de uma equipe. Mutirões constroem casas melhores e em tempo mais curto do que uma ou duas pessoas. Todo mundo sabe disso, inclusive as organizações.

Portanto, é absolutamente justificável que a maioria das empresas gaste parte dos seus recursos na formação dos funcionários, valorizando o intercâmbio de energia, experiência, conhecimento, valores culturais e materiais. Além disso, que exija deles a flexibilidade, a improvisação, a capacidade de olhar a vida de maneira abrangente e global. Enfim, esteja preparado para enfrentar todos os desafios que o século XXI traz em todas as suas dimensões.

Espero que este livro sirva como uma bússola para guiá-lo neste turbulento e maravilhoso tempo em que vivemos. Antes de terminar, gostaria de deixar para você uma citação de um homem visionário que acreditou em seus sonhos e entrou para a história como um dos maiores cientistas de todos os tempos e um verdadeiro exemplo de empreendedorismo:

> *Não se pode ensinar alguma coisa ao homem, apenas ajudá-lo a encontrá-la dentro de si.*
>
> Galileu Galilei

Sobre a autora

Leila Navarro é formada em fisioterapia pela USP, mas aprofundou seus estudos nas áreas de psicossomática, programação neurolinguística, medicina oriental, medicina comportamental, DBM, criatividade e gestão de talentos em universidades do Brasil e exterior.

Como palestrante motivacional e comportamental, suas apresentações são verdadeiros shows que percorrem todo o Brasil — além de Japão, Espanha, Portugal, Chile, Peru, Uruguai e Panamá. Empresária e conselheira da *Business Professional Woman*, Leila também é colaboradora acadêmica na *ESADE Business School*, na Espanha, e professora convidada da Universidade de Barcelona.

Autora de outros 12 livros, ganhou o prêmio Top of Mind de melhor palestrante do ano em 2008, está na lista da Veja dos 20 maiores palestrantes do país e ainda tem tempo para atualizar seu site, onde disponibiliza conteúdo voltado para o autodesenvolvimento profissional e pessoal.

Para mais informações e contato com a autora, acesse www.leilanavarro.com.br.

CIP-BRASIL. CATALOGAÇÃO NA FONTE
SINDICATO NACIONAL DOS EDITORES DE LIVROS, RJ.

N241t
Navarro, Leila. 1234-1234
Talento para ser feliz / Leila Navarro. - Rio de Janeiro: PocketOuro, 2011.

ISBN 978-85-7955-051-5

1. Conduta. 2. Autorrealização. 3. Sucesso. I. Título.

CDD 158.1
CDU 159.947

Este livro foi composto em Adobe Caslon Pro, e impresso pela Ediouro Gráfica sobre papel Offset 63g/m²
para o PocketOuro em 2011.

A Cruz e o Crescente, *Richard Fletcher*
Alice no País das Maravilhas, *Lewis Carroll*
Hitler, *Joachim Fest*
O Bem-Amado, *Dias Gomes*
As 17 incontestáveis leis do trabalho em equipe, *John C. Maxwell*
As memórias do livro, *Geraldine Brooks*
O livro de ouro da Bíblia, *J. W. Rogerson*
Falando com os anjos, *Roberto B.O. Goldkorn*
Gente como a gente, *Max Lucado*
A montanha e o rio, *Da Chen*
O Tigre Branco, *Aravind Adiga*
Os manuscritos de Jesus, *Michael Baigent*
O livro de ouro das religiões, *John Bowker (org.)*
A cabeça de Steve Jobs, *Leander Kahney*
O livro de ouro do Universo, *Ronaldo Mourão*
Conversando com Deus, vol. I, *Neale D. Walsch*
Conversando com Deus, vol. II, *Neale D. Walsch*
Churchill, Hitler e "a guerra desnecessária", *Patrick J. Buchanan*
O livro de ouro dos sonhos, *Gayle Delaney*
Quem Jesus foi? Quem Jesus não foi?, *Bart D. Ehrman*
Comporte-se como uma dama, pense como um homem, *Steve Harvey e Denene Millner*
Resistência, *Agnès Humbert*
Um presente de Deus, *Glenn Beck, Kevin Balfe e Jason Wright*
O beijo no asfalto (graphic novel), *Nelson Rodrigues, Arnaldo Branco e Gabriel Góes*
O último templário, *Raymond Khoury*
O vencedor está só, *Paulo Coelho*
Emagreça sem sacrifícios, *Dr. Pierre Dukan*
Autoestima, *Luis Rojas Marcos*
Talento para ser feliz, *Leila Navarro*

PocketOuro

A mensagem secreta de Jesus, *Brian McLaren*
O Santo Graal e a linhagem sagrada, *M. Baigent, R. Leigh e H. Lincoln*
Treze à mesa, *Agatha Christie*
Não sou a Mulher-Maravilha, mas Deus me fez maravilhosa!, *Sheila Walsh*
O Universo conspira a seu favor, *Jerry e Esther Hicks*
A última semana, *Marcus Borg e John Crossan*
A arte de ser feliz sem sair do lugar, *Maurice Smith*
A Mansão Hollow, *Agatha Christie*
Jesus, o maior filósofo que já existiu, *Peter Kreeft*
O livro da felicidade, *Dalai Lama*
A arte da guerra, *Sun Tzu*
De bem com a vida, *Deborah Norville*
Os elefantes não esquecem, *Agatha Christie*
Poliana, *Eleanor H. Porter*
Sem tempo pra nada, *Edward M. Hallowell*
Um corpo na biblioteca, *Agatha Christie*
365 bênçãos, *Max Lucado*
Madonna: 50 anos, *Lucy O'Brien*
Como saber quem você é, *Dalai Lama*
A oração de Maria, *Keith Fournier e Lela Gilbert*
Poliana moça, *Eleanor H. Porter*
A vida de Chico Xavier em quadrinhos, *Rodolfo Zalla e Franco de Rosa*